十大行业IPO

审核要点与解决思路

2

投行小兵　孙昀　著

法 律 出 版 社　LAW PRESS·CHINA

作者简介

投行小兵，毕业于清华大学法学院。著有《企业上市解决之道》（法律出版社 2011 年 5 月出版）、《企业上市解决之道 2：案例延伸与对策分析》（法律出版社 2012 年 1 月出版）、《上市那些事——与公司上市和上市公司有关》（法律出版社 2013 年 1 月出版）、《企业上市解决之道 3：案例提炼与审核关注》（法律出版社 2013 年 6 月出版）、《投行十年——我在投行的日子》（法律出版社 2015 年 1 月出版）、《新三板挂牌解决之道》（法律出版社 2015 年 8 月出版）、《新三板实战操作之道》（法律出版社 2017 年 1 月出版）、《IPO 财务核查解决之道：案例剖析与操作指引》（法律出版社 2017 年 5 月出版）、《IN 投行：鸡汤没毒放心喝》（法律出版社 2018 年 7 月出版）、《IPO 财务核查解决之道 2：内部控制与案例指引》（法律出版社 2019 年 5 月出版）、《十大行业 IPO：审核要点与解决思路》（法律出版社 2020 年 4 月出版）、《注册制：IPO 的新逻辑和新标准》（法律出版社 2021 年 5 月出版）。

更多交流和分享

新浪微博：@ 投行小兵

微信公众号：投行小兵 小兵研究 小兵深度

孙昫，1980 年出生，毕业于清华大学，具备财务与法律双专业背景，获得国家法律职业资格、国家一级注册建造师、国家高级室内建筑师、基金职业资格、工程师等资质，曾任职中国证监会深圳监管局，负责深圳上市公司日常经营及资本运作监管工作，拥有丰富的资本运作经验。

任职情况：

深圳飘红资本管理有限公司 董事长

建艺集团（股票代码：002789）深度投资人 董事 首席战略官 IPO 上市总负责人

深圳天基权健康科技集团股份有限公司 深度投资人 董事 首席战略官 IPO 上市总负责人

深圳市中电数通智慧安全科技股份有限公司 深度投资人 董事 首席战略官 IPO 上市总负责人

社会职务：

深圳建筑装饰行业专家

清华大学深圳市校友会理事

清华大学深圳校友会金融投资协会理事

清华大学深圳国际研究生院优秀职业导师

十大行业IPO
审核要点与解决思路
2

感谢以下朋友对本书的贡献

卜亚婷 就职于浙栋资产，准保荐代表人、非执业注册会计师、律师、资产评估师

江子骞 汇付创投投资总监

程　笛 英国布里斯托大学硕士，就职于中泰证券投资银行委

聂中文 金证股份投资经理，非执业律师、税务师

李小哈 保荐代表人，非执业注册会计师

朱鹏飞 英国杜伦大学硕士，就职于广发证券机构部

柯　铮 广东华商律师事务所 律师

自　序

在注册制的推动下，近两年IPO市场十分火热，关注IPO的朋友也越来越多。在这股浪潮中，《十大行业IPO：审核要点与解决思路》出版了，一年多的时间，市场认可度有些超出我的预期。

其实，小兵很早之前就有过按行业来归纳总结IPO审核要点的想法，并且邀请过一些投资界的朋友参与，但遭到了婉拒。这确实是一项庞大的工程，我们不仅需要对行业有一定程度的了解，还需要大量的数据支撑和审核案例支撑，再结合行业特性去了解审核的逻辑并做出分析或提示。这件事被搁置了许久，幸运的是，最后小兵找到了志同道合的伙伴们一起来完成了它。

很多朋友，有些有过几面之缘，有些未曾谋面；有写是做投行，有些是做投资的；有些是做中介机构的乙方，有些是做实体企业的甲方，都觉得这样的整理思路还是很有帮助的，可以帮助他们对一个企业有一个基本的理解和判断。

当然，也有人觉得这样的整理太简单了，不深入不系统没有建设性。这样的批评我们也是接受的，毕竟很多行业的分析有点“纸上谈兵”的感觉，如果跟完全深耕某个行业的投资大佬或者投行牛人来说，确实略显浅薄。

不管怎样，最有意义和价值的，不是我们做了吗？私以为，我们把这件事情开了个头，起了个步，就是对这件事情最大的贡献之一了。小兵入行不久就通过当时的博客跟大家做交流，小兵一直觉得总结分享的过程也是自我提高的过程。这么多年走来，感谢大家的陪伴与支持。我们还想继续进步，既是源于外界对我们的期望和鞭策，同样也是因为我们自己的反省和总结，只是不知道这样的进步是不是明显，你们是不是感受得到。当然，我们更希望有更多人可以一起参与到这件事情里来，可以一起完善、一起深入、一起做得更好。

我们的研究和分享会不谈条件的一直努力和坚持下去，当然，分享的方式可能会改变和多元化，比如会通过视频的方式或者行业专题报告的方式等。我们的分享平台有微博、微信公众号以及其他的一些形式，书籍出版是最后的集大成，但不是全部。

第一册我们选择了十个最普遍、最经典，同样也是最疑难的行业进行了系统的研究，而这一次选择的行业，我们充分吸收了网友的意见，选择了更流行、更前沿的一些行业。在研究的过程中，我们同样得到了很多志同道合小伙伴的支持，在此一并感谢。

更加开心的是，这一次书稿创作的过程中，我还找到了“失散多年”的老同学，孙昀同学做了多年的监管有丰富的监管经验，后来去做投资又收益颇丰，现在又参与企业的管理工作也是心得满满。这一次，有孙昀同学的加入，自然觉得更加开心和顺手。

任何不足，请大家多多指正，我们对于有建设性的意见，都会认真听取并且充分吸收采纳。再次感谢每一位关心和支持小兵研究团队的朋友们！

是为一个简单的序言。

投行小兵

2021 年 8 月 6 日

简　目

详　目

第一章

新能源汽车行业 IPO 审核要点

第三章 农业行业 IPO 审核要点

第五章 工程施工行业 IPO 审核要点

第六章
服装行业 IPO
审核要点

第七章 食品行业 IPO 审核要点

第十章
模具行业 IPO 审核要点

第一章

新能源汽车行业 IPO 审核要点

Chapter 1

自科创板开板以来，与新能源汽车行业相关的上市企业大幅增加，在科创板领域有着举足轻重的地位。新能源汽车行业作为我国“十三五”规划重点发展的战略性新兴产业，是国家坚定支持的战略方向。在国家产业政策的支持下，新能源汽车产品不断丰富、配套设施不断完善，开启了快速发展大潮。

从 IPO 审核角度来看，新能源汽车行业是一个脱胎于传统汽车制造业的新兴热门行业。这个行业表面上与汽车制造相关，但是又完全颠覆了传统汽车制造的标准和商业逻辑。从这个角度来看，与新能源汽车行业相关的上下游产业，或许我们就不能将其界定为通常所理解的汽车零部件制造企业，而应该将其界定为新能源行业。

新能源汽车行业的高速发展带动了与新能源汽车行业相关的上下游产业的发展，如动力锂电池、锂电池自动检测系统及锂电池负极材料等。在《十大行业 IPO：审核要点与解决思路》中我们曾经分析过汽车零部件行业，本章中的汽车新能源，指的是狭义的汽车产业新能源模块。

在汽车零部件基础之上，新能源汽车行业里有一些独特的审核要点，小兵认为审核要点主要围绕着以下几个方面：核心技术、行业政策、知识产权、环境保护、研发费用以及税收优惠等。

一、核心技术

新能源汽车是一个全新的行业，在发展的初期阶段必然会面临技术要求高、技术更迭快、技术路线多样等典型问题。

新能源汽车行业的发展主要依靠公司研发的核心技术和核心产品，但技术和产品都同样面临着更新换代的风险。目前，能源类的技术研发尚处于早期粗放式生长阶段，一种技术或产品在目前能够作为公司的主要支持并保证实现稳定的收益，但是无法避免未来出现其他更加先进的技术或产品，从而带来全新的冲击甚至是颠覆性的变革。从这个角度来看，我们关注这个行业，首先关注的问题就是公司技术研发和储备的问题，包括公司的核心技术是否足够先进、是否持续更新、是否满足技术发展路线、是否容易被替代、是否有成熟的产业化方式、是否保持足够的差异化竞争等。

案例 1 孚能科技（代码：688567）发审会问询问题

招股说明书披露，公司主要产品为三元软包动力电池的电芯、模组和电池包。三元材料电池的劣势在于钴资源紧缺、钴价较高、热稳定性差、生产工艺复杂。软包电池的劣势在于成本高、一致性差、制造工艺要求高。三元软包动力电池产品具备能量密度高、安全性能好、循环寿命长、充电快速、温度适应性强等竞争优势，已经成为越来越多主流车企的选择。

请发行人说明：发行人主要产品与国内外可比公司产品存在的差异与各自优势，发行人主要产品发展前景、技术水准和迭代风险。

小兵评析 ▶

新能源汽车还有很多标准没有确定，很多发展方向没有明确，同样有很多技术细节问题没有解决；同时，这个行业目前的发展还呈现出各种新旧观点、不同的技术互相冲击的态势。对于企业的判断有很多维度，而对于新能源汽车行业来说，最核心的是对企业未来发展路径和核心技术发展优势有明确判断。

就本案例情形来说，目前锂离子动力电池是新能源汽车的主要动力选择，能量密度、工作温度范围、充电效率、安全性等性能持续不断改进。未来动力电池技术会发生突破性变革是可以预见的，发行人的核心技术是否在行业内具有明确的竞争力？该技术与同行业的差异化在哪里？在新能源汽车动力锂电池行业还未形成行业技术标准的前提下，发行人如何证明其自身技术的优越性和先进性？这些都是对公司是否具有持续稳定运营能力的考量。

二、行业政策

在我国新能源汽车发展初期，国家通过财政补贴激发技术、产品及市场。经过十余年的发展，中国已经发展成为全球最大的新能源汽车市场，宁德时代（代码：300750）、比亚迪（代码：002594）已经发展成为国际领先的新能源动力电池企业。随着我国新能源汽车产业逐渐走向成熟、车企和动力电池企业逐渐发展壮大、技术进步推动行业制造成本持续下降，有关部门逐步提高新能源汽车补贴门槛并降低补贴金额。补贴政策趋严将有利于推进新能源汽车产业的市场化，并促进技术进步及优胜劣汰，但市场化竞争后发行人是否还具备稳定的盈利能力，在 IPO 审核过程中已成为监管机构审核的重点问题。

小兵整理了近几年新能源汽车行业的重要政策，具体如表 1－1 所示：

表 1－1　近几年新能源汽车行业重要政策

序号	政策	颁发部门	颁发时间	主要内容
1	《新能源汽车产业发展规划（2021—2035年）》	国务院办公厅	2020 年 10 月	部署了 5 项战略任务，从各个方面具体描绘了今后我国新能源汽车产业的发展蓝图，为下一阶段的发展规划了更明确的方向
2	《关于开展燃料电池汽车示范应用的通知》	财政部等	2020 年 9 月	提出“以奖代补”，形成布局合理、各有侧重、协同推进的燃料电池汽车发展新模式

续表

序号	政策	颁发部门	颁发时间	主要内容
3	《关于开展新能源汽车下乡活动的通知》	工业和信息化部、农业农村部、商务部	2020 年 7 月	活动期间，地方人民政府发布本地区支持新能源汽车下乡等有关政策，参与汽车企业发布活动车型和优惠措施
4	—	国务院常务会议	2020 年 3 月	将年底到期的新能源车补贴和免征购置税政策延长 2 年。中央财政采取以奖代补方式，支持京津冀等重点地区淘汰国三及以下排放标准柴油货车。对二手车经销企业销售旧车，从 5 月 1 日至 2023 年年底减按销售额 0.5% 征收增值税
5	《关于印发制造业设计能力提升专项行动计划（2019—2022 年）的通知》	工业和信息化部等	2019 年 10 月	鼓励社会团体、产业联盟、高校院所和企业基于设计创新和专利制定团体标准、企业标准，积极参与制定国家标准和国际标准。在汽车领域，推动关键零部件、新能源汽车动力电池和充电系统设计
6	《产业结构调整指导目录（2019 年本）》	国家发展和改革委员会	2019 年 10 月	逆变控制系统开发制造、电动汽车充电设施、轨道车辆交流牵引传动系统、制动系统及核心元器件（含 IGCT、IGBT、SiC 元器件）、新能源汽车关键零部件等属于国家鼓励类产业
7	《提升新能源汽车充电保障能力行动计划》	国家发展和改革委员会等	2018 年 11 月	加强充电技术研究和充电设施产品开发；充分发挥整车、动力电池、充电设备生产、设施运营等企业主体作用，加快技术创新，加强品质管控；促进充电技术创新开发应用，确保充电设备质量优良、环境友好、使用便捷、安全可靠
8	《“十三五”交通领域科技创新专项规划》	科学技术部、交通运输部	2017 年 5 月	深入开展电堆关键材料和部件的创新研究及产业化研发，大幅提高燃料电池电堆产品性能、寿命，降低成本。优化升级燃料电池动力系统技术，重点突破高功率密度乘用车燃料电池发动机和长寿命商用车燃料电池发动机技术，燃料电池/动力电池混合动力集成控制与能量优化管理技术

续表

序号	政策	颁发部门	颁发时间	主要内容
9	《汽车产业中长期发展规划》	工业和信息化部等	2017 年 4 月	利用企业投入、社会资本、国家科技计划（专项、基金等）统筹组织企业、高校、科研院所等协同攻关，重点围绕动力电池与电池管理系统、电机驱动与电力电子总成、电动汽车智能化技术、燃料电池动力系统、插电/增程式混合动力系统和纯电动力系统等 6 个创新链进行任务部署
10	《“十三五”现代综合交通运输体系发展规划》	国务院	2017 年 2 月	加快新能源汽车充电设施建设，加快推进天然气等清洁运输装备、装卸设施以及纯电动、混合动力汽车应用，鼓励铁路推广使用交—直—交电力机车
11	《能源发展“十三五”规划》	国家发展和改革委员会、国家能源局	2016 年 12 月	大功率电力电子器件制造及应用、新型高效电池储能、氢能和燃料电池
12	《“十三五”国家战略性新兴产业发展规划》	国务院	2016 年 11 月	加快推进高性能、高可靠性动力电池生产、控制和检测设备创新，提升动力电池工程化和产业化能力
13	《能源技术革命创新行动计划（2016—2030 年）》	国家发展和改革委员会、国家能源局	2016 年 4 月	建立健全氢能及燃料电池规模化应用的设计、工艺、检测平台；重点突破 PEMFC 的智能化过程检测控制核心技术

案例 2　容百科技（代码：688005）发审会问询问题

招股说明书披露，公司产品锂电池三元正极材料主要应用于新能源汽车的动力电池领域。根据公开信息，2019 年 3 月 26 日，中国财政部、工业和信息化部等四部委发布《关于进一步完善新能源汽车推广应用财政补贴政策的通知》，明确“稳步提高新能源汽车动力电池系统能量密度门槛要求，适度提高新能源汽车整车能耗要求，提高纯电动乘用车续驶里程门槛要求”。

请发行人补充披露：主要下游最终客户的汽车产品类型分布、销售区域及相应的行业补贴政策；结合行业最新政策变化对发行人客户的生产经营、采购规模等方面的影响，充分披露新能源汽车补贴政策变化对发行人下游客户及对发行人经营业绩的影响程度。请保荐机构对上述事项进行核查并发表意见。

小兵评析 ▶

就新能源行业来说，政府补贴的政策变动带有很明显的引导和控制的意味，政府补贴的变化不仅影响到企业的经营决策，更会直接影响到发行人的盈利能力。随着这个行业逐步发展成熟，政府补贴的操作会更加理性和具有针对性，发行人是否能够适应这样的变化，是需要重点关注的问题。

具体到本案例，审核关注点非常清晰，离开国家补贴政策扶持后的新能源汽车企业，还能否保持其自身的持续发展和稳定经营，是被重点关注的。

案例 3 嘉元科技（代码：688388）发审会问询问题

招股说明书披露，发行人主要产品为超薄锂电铜箔和极薄锂电铜箔，主要应用于锂离子电池行业，最终应用在新能源汽车动力电池、储能设备及电子产品等领域。

请发行人披露：更新新能源汽车及相关补贴政策，并分析对发行人相关产品销售的具体影响，结合我国汽车销量变动、新能源汽车销量增速变动，以及报告期内新能源汽车厂商的销售情况，分析发行人业务未来发展趋势及确保持续经营能力的具体措施。

小兵评析 ▶

工业和信息化部、财政部等部门联合发布的《乘用车企业平均燃料消耗量与新能源汽车积分并行管理办法》对车企明确提出平均燃料消耗量达标与新能源汽车生产比例达标两个考核指标要求，双积分政策自然也相对提高了新能源汽车行业的审核门槛，对新能源车企的生产能力、技术升级能力及销售能力有了综合性的要求。如果发行人未来成长趋势无法始终契合产业政策要求，显然会对审核造成影响。

三、知识产权

目前，新能源汽车行业的竞争很大程度上就是核心研发能力、核心技术以及核心产品的竞争。对于企业来说，要想在市场竞争中占有强大的竞争优势，就必须投入非常大的成本进行相应的研发活动。为了解决先期投入成本中实验室建设成本较高的问题，行业中多数公司会与高等学校或科研机构合作研发某类技术并申请专利权，并与大学或科研机构签订独占许可协议使用该技术。在 IPO 审核过程中，该类知识产权的权利分配和安排便会成为证券监督管理委员会（以下简称证监会）审核关注的要点，对该独占许可协议的具体内容、独占许可期限，以及该技术是否形成重大依赖作重点关注。

案例 4　天奈科技（代码：688116）发审会问询问题

招股说明书披露，发行人与清华大学合作研发并成功掌握纳米聚团流化床宏量制备碳纳米管的方法，“基于纳米聚团流化原理的高纯度碳纳米管批量制备基础研究”于 2006 年 1 月获得教育部自然科学一等奖。2019 年 1 月，BVI 天奈与清华大学签署独占专利许可协议，且发行人及子公司 5 项商标的权利人均为 BVI 天奈。

请发行人：(1) 结合“基于纳米聚团流化原理的高纯度碳纳米管批量制备技术”的取得时间、发行人前身的设立时间、合作研发的方式、发行人主要参与人员等披露公司参与该技术研发的具体情况；该技术获奖时间早于发行人成立时间的原因。(2) 披露独占许可协议的具体内容，包括但不限于发行人的主要权利和义务、独占许可期限、独占许可的排他性条款，协议解除的相关条款、违约责任等；部分授权专利临近专利保护期末，披露相关专利保护期届满可能对发行人生产经营产生的影响及拟采取的应对该风险的措施。(3) 披露相关发明专利涉及发行人生产的具体环节及在产品中的应用情况。(4) 披露发行人与 BVI 天奈就再授权使用相关专利的协议内容，发行人向 SABIC 转让相关技术授权是否涉及独占许可专利，是否违反了 BVI 天奈与清华大学独占许可专利协议。(5) 发行人是否对清华大学及其授权技术形成重大依赖。

请保荐机构和发行人律师核查：(1) 发行人以 BVI 天奈而非发行人本身作为授权协议签订方及商标权利人的原因，是否存在向海外避税地转移利润的情况；是否存在相关法律、税务风险。(2) 清华大学作为高校，相关授权是否履行了其内部审批程序；相关程序是否完备。

小兵评析 ▶

通过知识产权使用费用的支付，进行海外利润转移是跨境税务筹划的常见手段。此类筹划往往伴随着利润转移的嫌疑，并且通过转移而降低税负。规避境内纳税义务是否违规也往往存在打政策的擦边球的嫌疑，所以在审核过程中对于此类行为会重点核查。

案例 5 建龙微纳（代码：688357）发审会问询问题

招股说明书披露，发行人有 9 个在研项目，与吉林大学等机构存在合作研发情况。

请发行人披露：合作研发协议的主要内容、合作研发项目对应的产品名称，权利义务划分约定及采取的保密措施等，在研项目的研发人员、经费投入；结合行业技术发展趋势，披露相关科研项目与行业技术水平的比较，核心技术人员的学历背景构成，发行人对核心技术人员的约束激励措施，报告期内核心技术人员的主要变动情况及对发行人的影响。

小兵评析 ▶

其实这个问题并非新能源汽车行业所独有，但基于新能源汽车产业前期研发成本控制及技术领先性的需求，早期技术基本都存在同高校或研发机构合作开发的情况。对于技术保密性、保密措施、技术流失应对措施的预案是否准备充分与完备，也是审核机构对于技术研发所关注的一个重点。

案例 6　威胜信息（代码：688100）发审会问询问题

招股说明书披露，发行人公司与中南大学、华南理工大学、长沙理工大学等国内知名高校和湖南省建筑设计院有限公司、湖南省计量检测研究院等科研院所建立了良好的合作关系，在不同的技术领域开展创新性技术与产品开发。

请发行人补充披露：(1) 与各高校合作模式，研究成果及知识产权的分配安排；(2) 是否曾受让、使用或以其他方式受益于来源于高校的技术、人员、设备或其他支持；(3) 是否存在受让、使用属于高校人员职务发明的专利或其他知识产权、核心技术的情况；(4) 是否存在相关知识产权的权属纠纷或诉讼。

小兵评析 ▶

在新能源汽车行业发展初期，企业因资金障碍必然会经历研发合作阶段，但随着后续研发费用投入的增加，在企业 IPO 上市审核阶段，证监会更多关注以下几点：(1) 发行人知识产权的独立性问题；(2) 发行人知识产权持续使用的稳定性问题；(3) 发行人研发成果是否与主营业务相关；(4) 发行人所有知识产权是否存在潜在侵权可能性等。

四、环境保护

环境保护是国家的一项基本国策，任何经济行为都不能违反这项政策。在 IPO 审核中，环保问题一直都是一条红线，不论是哪个行业的企业，也不论是否有其他的理由。

对于新能源汽车行业来说，环保问题有着特殊的意味。新能源汽车本来就是为了解决环保问题而孕育的，理应契合本身的“绿色、环保、新能源”等理念。因此，电池电能的研发和处理，在企业的污染物排放、环保投入、“三废”处理方式等问题上将会受到审核机构的重点关注。

案例 7 芯源微（代码：688037）发审会问询问题

招股说明书披露，公司产品在研发、制造过程中，产生的污染物主要为显影液、光刻胶等废弃化学品，以及 OK73 废弃物。

请发行人说明：发行人关于环保方面的内部流程、规章制度、相关环保设施及其运行情况，报告期内发行人在环保方面的投入金额、相关成本和费用情况，是否存在需要计提的预计负债情况，报告期内是否存在因环境污染问题受到相关处罚的情况。

附：公开披露信息

发行人在环保方面的支出明细如表 1－2 所示：

表 1-2 发行人在环保方面的支出明细

单位：万元

项目	2019 年 1—3 月	2018 年度	2017 年度	2016 年度
环保费用支出	9.75	7.14	0.87	0.28
环保资产购置支出	—	—	—	8.20

小兵评析 ▶

发行人在环境保护方面的费用支出是判断环保措施的一个重要因素。本案例中，发行人环保资产购置费用自 2016 年度之后再无任何支出，受到了审核关注。发行人在环保上所做的工作和投入应当被客观真实反映，审核机构要求企业在生产经营规模扩大的同时，环保的投入也要同步跟上，使环保投入与生产规模相适应。

案例 8 华特气体（代码：688268）发审会问询问题

招股说明书披露，发行人生产经营中涉及废气、废水、固体废物、噪声等污染物，对各类污染物处理能力均为充足。

请发行人补充披露：生产经营中涉及环境污染的具体环节、主要污染物名称及排放量、主要处理设施及处理能力，报告期内发行人环保投资和相关费用成本支出情况，环保设施实际运行情况，报告期内环保投入、环保相关成本费用是否与处理公司生产经营所产生的污染相匹配，募投项目所采取的环保措施及相应的资金来源和金额等，公司生产经营与募投项目是否符合国家和地方环保要求，是否曾发生环保事故或因环保问题受到处罚，所在地环保主管部门是否出具相应的证明。

小兵评析 ▶

对于环境影响评价（以下简称环评）的关注，一是集中在发行人的处理能力上，二是集中在证照是否完全、是否符合环评监管要求上。发行人在企业的日常生产经营活动中应当及时取得相关证件，如环评报告、环评批复、环保验收、排污许可证以及环境保护体系认证证书等，对自身排放“三废”及其他物质应当邀请权威环评机构或检测机构出具相关检验报告，做好环保方面的基础工作。同时，在生产经营的过程中，应当对行业标准有预判性的关注，并在研发能力上对未来环评标准的提高有预案，避免国家标准提升而对企业生产经营产生致命性的负面影响。

五、研发费用

关于研发费用的问题，有两个核心的维度需要重点关注，一个是宏观的企业经营战略问题，另一个是微观的具体技术处理问题。我们要关注公司研发费用每年发生的金额与公司的研发进程、研发成果、发展阶段和经营规模是否相匹配以及与同行业可比公司是否存在重大差异。另外，我们要关注研发费用归集的具体过程，费用归集是否合理，内部控制措施是否到位，是否存在其他费用归集到研发费用的情形。

新能源汽车行业公司大多属于高新技术企业，公司普遍与各大高校存在核心技术或核心产品的合作研发关系。一方面，研发费用的投入比重能够作为衡量发行人研发能力的标准；另一方面，研发费用的投入对象也是证监会在 IPO 审核中关注的重点，如研发投入是否主要围绕核心技术及其相关产品、研发费用占营业收入的比重与同行业可比公司的比较情况等。

案例9　皖仪科技（代码：688600）发审会问询问题

招股说明书披露，发行人报告期内研发投入总额分别为 3243.68 万元、3076.56 万元、3541.52 万元和 2494.04 万元，占营业收入的比例分别为 16.65%、10.84%、10.85%和 16.92%，研发投入的主要构成为工资薪酬、材料费和折旧摊销租赁费。

请发行人说明：报告期内是否存在员工既从事研发活动又从事生产技术活动，若存在，请说明相关人员薪酬在研发投入和非研发投入之间的划分标准、依据、合理性及准确性。报告期内研发投入中材料费逐年降低的原因，上述材料费中是否包含应当计入生产成本的费用。报告期内是否存在机器设备和厂房既用于研发活动又用于生产技术活动，若存在，请说明相关折旧摊销和租赁费在研发投入和非研发投入之间的划分标准、依据、合理性及准确性。报告期各期研发人员平均工资水平、变动情况及其与同行业可比公司比较情况及差异原因。报告期各期研发费用与申请研发费用加计扣除时所用研发费用的差异情况及原因。请申报会计师核查上述事项并发表明确意见。

附：公开披露信息

2016—2019 年度研发费用与申请研发费用加计扣除时所用研发费用的差异情况列示如表 1－3 所示：

表 1－3　2016—2019 年度研发费用与申请研发费用加计扣除时所用研发费用的差异情况

单位：万元

项目	2019 年度			2018 年度		
	研发费用总额①	申请加计扣除研发费用②	差异金额③＝①－②	研发费用总额①	申请加计扣除研发费用②	差异金额③＝①－②
工资薪酬	3107.03	3089.78	17.25	1988.50	1920.88	67.63
材料费	1070.45	1070.45	—	744.43	743.60	0.84

续表

项目	2019年度			2018年度		
	研发费用总额①	申请加计扣除研发费用②	差异金额③=①-②	研发费用总额①	申请加计扣除研发费用②	差异金额③=①-②
折旧摊销租赁费	367.71	340.62	27.09	333.92	300.32	33.61
技术服务费	310.08	310.08	—	107.19	106.72	0.47
差旅费	120.36	120.36	—	88.06	57.55	30.51
知识产权费	45.65	45.65	—	82.72	51.04	31.67
燃料动力费	23.46	23.46	—	24.06	72.61	-48.55
其他	84.23	39.05	45.18	172.63	122.86	49.77
合计	5128.97	5039.45	89.52	3541.52	3375.57	165.95
	2017年度			2016年度		
工资薪酬	1475.97	1453.87	22.10	1304.57	1034.13	270.44
材料费	998.88	1010.17	-11.29	1250.15	1078.39	171.76
折旧摊销租赁费	288.37	281.68	6.69	196.81	185.69	11.12
技术服务费	37.41	9.37	28.03	70.20	70.20	—
差旅费	86.82	81.68	5.14	129.87	144.06	-14.19
知识产权费	23.45	21.78	1.66	49.37	19.09	30.28
燃料动力费	22.17	78.62	-56.45	26.14	81.79	-55.65
其他	143.49	148.04	-4.54	216.56	101.75	114.82
合计	3076.56	3085.21	-8.66	3243.68	2715.10	528.58

如表 1－3 所示，2016—2019 年度公司研发费用总额与研发费用加计扣除的差异分别为 528.58 万元、－8.66 万元、165.95 万元和 89.52 万元。

2016 年度研发费用总额与申请加计扣除研发费用差异 528.58 万元，主要系白鹭电子 2016 年度经营亏损，当年度发生研发费用 407.83 万元未做加计扣除影响所致。2017—2019 年各年度研发费用总额与申请加计扣除研发费用差异，以及 2016 年度除上述原因以外的差异，主要包括职工薪酬、材料费、折旧摊销租赁费及燃料动力费。

小兵评析 ▶

本案例审核过程中，除关注发行人研发费用支出的金额以及变动情况是否符合公司的实际研发情况和经营情况之外，更加关注的是研发费用归集的真实性问题。本案例研发投入的主要构成为工资薪酬、材料费和折旧摊销租赁费，而一般情况下，最主要的研发费用就是工资薪酬和材料费用。

对于工资薪酬，需要关注报告期内是否存在员工既从事研发活动又从事生产技术活动，若存在，需要说明相关人员薪酬在研发投入和非研发投入之间的划分标准、依据、合理性及准确性。

对于材料费用，关注是否全部用于研发，是否包含应当计入生产成本的费用。对于摊销和折旧费用，同样关注是否存在机器设备和厂房既用于研发活动又用于生产技术活动的情形。

此外，本案例还重点关注到研发费用的构成与加计扣除的费用存在差异的原因。发审会问询时主要针对研发费用的构成、公司 2016—2019 年度研发费用与申请研发费用加计扣除时所用研发费用的差异问题、发行人在申请研发费用加计扣除时其成本结构和税收核算中是否存在财务瑕疵问题。

案例 10　亿华通（代码：688339）发审会问询问题

招股说明书披露，报告期内，2016 年研发投入金额为 1740.96 万元，报告期内研发费用金额分别为 769.45 万元、2503.76 万元、4508.69万元和 1068.67 万元，开发支出金额分别为 0 万元、0 万元、428.11 万元和 962.74 万元，研发费用占营业收入的比重分别为 12.65%、12.44%、13.40 和 102.98%。根据公开资料，2018 年上半年发行人研发费用为 0 元，2017 年上半年研发费用为 17 万元。开发支出金额分别为 0 元、0 元、428.11 万元和 962.74 万元。

请发行人说明：报告期内各期研发投入的具体项目明细、金额及构成内容，研发投入金额与研发费用金额存在较大差异具体原因，其他项下主要核算的研发费用的内容，发行人职工薪酬、材料费用、折旧等占研发费用的比重与同行业公司是否存在差异，发行人原材料耗用是否满足研发实际需求。披露研发费用占营业收入比例与同行业可比公司的对比表，说明差异原因。

附：公开披露信息

发行人研发费用具体项目明细如表 1－4 所示：

表 1－4　发行人研发费用具体项目明细

单位：万元

项目	2019 年 1—3 月	2018 年度	2017 年度	2016 年度
职工薪酬	525.00	1622.73	1188.96	623.11
材料费用	367.66	2024.24	547.24	337.51
折旧及摊销费用等	156.47	475.49	303.59	186.91
技术服务费	340.40	77.21	240.00	441.99
燃料动力费	138.38	221.63	9.02	7.54
测试化验费	31.89	131.41	58.88	3.02
差旅会务费	16.44	207.87	62.33	63.30
出版费	4.56	62.27	33.95	5.40
其他费用	22.50	113.95	59.78	72.19
合计	1603.30	4936.80	2503.76	1740.96

小兵评析 ▶

发行人研发费用主要由职工薪酬和材料费用构成。发行人 2018 年材料费用大幅上升，难免会让人怀疑是否存在将成本或其他费用中耗用的原材料纳入研发费用核算的情况。

六、税收优惠

新能源汽车相关行业公司在税收优惠方面也具有突出的特征。除了我们最常见的高新技术企业的税收优惠问题，新能源汽车行业因为研发投入以及软件开发的业务，可能还会存在加计扣除、增值税出口退税等税收优惠的情形。如果税收优惠占比较高，审核中必然关注到发行人的高新企业资质认定是否符合规定条件，发行人享受的税收优惠是否合法合规，是否存在被追缴的风险，以及在税收政策变动引发发行人成本结构变化时，发行人持续经营能力及经营业绩所受到的影响问题。

（注：2020 年 3 月 31 日，国务院常务会议决定将年底到期的新能源车补贴和免征购置税政策延长 2 年。）

案例 11　容百科技（代码：688005）发审会问询问题

招股说明书披露，发行人被认定为高新技术企业，认定期自 2016 年至 2018 年，2016 年至 2018 年按 15% 税率计缴企业所得税。全资子公司湖北容百公司被认定为高新技术企业，认定期自 2017 年至 2019 年，报告期内 2017 年与 2018 年按 15% 税率计缴企业所得税。报告期内，公司主要出口产品享受 13% 的增值税出口退税率。

请发行人披露：（1）根据《高新技术企业认定管理办法》《高新技

术企业认定管理工作指引》规定的条件，发行人续期申请高新技术企业资质是否存在障碍；（2）报告期内发行人享受的税收优惠是否合法合规，是否存在被追缴的风险；（3）发行人经营业绩是否依赖于税收优惠；（4）发行人是否存在利用合并范围内相关主体的税收优惠规避税收缴纳义务的情形。

附：公开披露信息

报告期内发行人公司因高新技术企业资格享受的税收优惠金额占公司税前利润比例如表 1－5 所示：

表 1－5　高新技术企业资格享受税收优惠金额占公司税前利润比例表

单位：万元

项　目	2018 年	2017 年	2016 年
高新技术企业所得税优惠税率产生的税收优惠金额	1398.39	1019.40	394.82
利润总额	23,475.31	4100.71	963.12
高新技术企业所得税优惠税率产生的税收优惠金额占利润总额的比例	5.96%	24.86%	40.99%

小兵评析 ▶

发行人 2016 年和 2017 年所得税优惠金额占比高达 40.99% 和 24.86%，发行人对此解释为主要系公司当年股份支付金额对利润总额影响较大，而股份支付费用不能税前扣除导致利润总额偏低所致，2018 年所得税优惠税率产生的税收优惠金额占利润总额的比例已降至 5.96%。发行人最终 IPO 通过审核，说明税收优惠占比较高也并非 IPO 的实质性障碍，审核核心还是关注发行人的市场竞争能力以及是否对税收优惠存在重大依赖问题。

附：部分新能源汽车行业相关的科创板上市企业（见表 1－6）

表1-6 部分新能源汽车行业相关的科创板上市企业

序号	简称	上市时间	相关产品
1	容百科技	2019年7月22日	新能源汽车锂电池正极材料、动力电池
2	嘉元科技	2019年7月22日	新能源汽车锂电池铜箔
3	杭可科技	2019年7月22日	锂电池制造成套设备
4	方邦股份	2019年7月22日	汽车用电磁屏蔽膜、导电胶膜等
5	西部超导	2019年7月22日	汽车和发动机应用的新材料及其配套精加工设备
6	铂力特	2019年7月22日	新能源动力系统
7	安集科技	2019年7月22日	汽车用微电子相关材料
8	华兴源创	2019年7月22日	新能源汽车电子检测设备
9	天奈科技	2019年9月25日	碳纳米管粉体、碳纳米管导电浆料、石墨烯复合导电浆料、碳纳米管导电母粒
10	江苏北人	2019年12月11日	汽车零部件焊接领域工业机器人系统集成业务
11	威胜信息	2020年1月21日	电动汽车充电解决方案
12	道通科技	2020年2月13日	汽车智能诊断、检测分析系统及电子零部件
13	奥特维	2020年5月21日	产品主要用于锂动力电池等
14	孚能科技	2020年7月17日	锂离子动力电池
15	亿华通	2020年8月10日	氢燃料电池发动机
16	先惠技术	2020年8月11日	智能自动化生产线
17	科威尔	2020年9月10日	测试电源设备制造
18	浙海德曼	2020年9月16日	数控机床
19	泛亚微透	2020年10月16日	ePTFE等微观多孔材料及其改性衍生产品
20	豪森股份	2020年11月9日	新能源汽车智能生产线

第二章

金融科技行业 IPO 审核要点*

Chapter 2

* 原文作者：江子骞、聂中文、程笛，根据体系有改动。

金融科技是对于近几年来基于金融数字化、互联网金融等新产业蓬勃发展的上下游企业的统称。它既包括区别于传统金融机构的新金融平台（支付清算、网络借贷融资、财富管理等），也包括运用大数据、云计算、人工智能、区块链等来提高金融机构数字化水平的科技企业。

本章节选相应中证指数有限公司编制的金融科技主题指数作为分析背景。截至 2021 年 4 月 19 日，金融科技 A 股上市公司数量已达 39 家，占比 0.91%，市值约 8911 亿元，占比 1.03%。

金融科技作为国民经济基石之一的金融行业与新科技融合的意义是重大的，并且金融行业的逐渐壮大也给金融科技企业带来巨大的市场机会。从微观来看，目前已上市的几十家金融机构实现的净利润占 A 股 4000 余家上市企业净利润之和的一半左右，足以证明它们是站在各行业食物生态链的顶端；从宏观来看，我们需要认识到金融机构面对的是一个掌握超过 300 万亿元资产规模的庞大金融产业群体，它们需要通过各类产品和服务渗透到我们每个人生活和工作的方方面面。

展望未来，鉴于金融科技服务模式也在不断从硬件转向软件，从传统 IT 转向利用大数据、人工智能、云计算等综合解决方案的趋势演变，数据成为发行人拥有或处理能力的重要武器，笔者认为，数据安全将成为后续监管层新增关注重点。

目前，这一相对新兴领域，其 IPO 审核也有诸多区别于其他行业的审核关注要点，比较典型的问题包括行业发展和政策变化、经营牌照与资质、大客户依赖、业务季节性波动、毛利率异常、业务与财务核算真实性、关联交易与资金拆借、现金流与利润指标差异等。面对这些情况，笔者认为，发行人需要在申报前做好全面自我审视和充分披露工作，以免影响 IPO 进程。

一、行业发展与政策变化

近年来，金融科技行业的发展是迅猛的，作为终端消费者的我们也可以最直接地感受到诸多变化，如线上支付、线上贷款、个人信用分、机器人客服、智能银行网点、互联网保险等。这些新的变化极大地方便了我们的金融生活体验，但这背后也意味着部分原先依靠大量人力或者传统手段的业态面临业务萎缩风险，或者业务发展方向被新领域替代的风险，包括线下人工呼叫中心、支付手段的选择等。中国金融科技行业发展历程和典型业态列示如下（见表 2－1）：

表 2－1　中国金融科技行业发展历程和典型业态

时间	定义	典型业态
2000 年前	金融＋IT	银行 IC 卡、ATM 机、POS 机
2000—2010 年	金融＋互联网	网上银行、网上证券
2010—2016 年	金融＋新业务模式	信用卡、P2P、线上支付
2016 年至今	金融＋新科技（大数据、云计算、人工智能、区块链等）	智能网店、个人信用分、互联网保险、机器人客服、刷脸支付、分布式金融、区块链跨境支付等

与此同时，行业的巨大变化和及时更新也自然伴随着监管政策与规则的与时俱进。面对快速发展的行业，监管机构和相关部门也及时出台相应政策，包括规范金融科技创新应用、保护金融消费者权益等政策紧密出台，来保障行业的健康发展。

小兵整理了近几年金融科技行业的重要政策，具体如表 2－2 所示：

表 2－2　近几年金融科技行业重要政策

时间	部门	政策
2016 年 7 月	原中国银行业监督管理委员会	《中国银行业信息科技“十三五”发展规划监管指导意见（征求意见稿）》
2017 年 1 月	中国人民银行	《关于实施支付机构客户备付金集中存管有关事项的通知》
2019 年 8 月	中国人民银行	《金融科技（FinTech）发展规划（2019—2021 年）》
2019 年 10 月	国家市场监督管理总局、中国人民银行	《金融科技产品认证目录（第一批）》《金融科技产品认证规则》
2019 年 12 月	中国银行保险监督管理委员会	《互联网保险业务监管办法（征求意见稿）》
2020 年 1 月	中国支付清算协会	《人脸识别线下支付行业自律公约（试行）》
2016 年 8 月	原银监会	《网络借贷信息中介机构业务活动管理暂行办法》

这些重大的变化与发展带给企业足够的发展机遇，同时向监管部门提出了更大的挑战。从 IPO 的角度来说，这些行业变化给部分企业带来保持可持续盈利能力的考验，监管机构在相关企业 IPO 审核时也对此保持谨慎。

案例 1　恒银科技（代码：603106）发审会问询问题

请发行人代表进一步说明：结合近年来金融自助设备市场的需求变化情况，分析并说明发行人业务发展面临的行业风险和应对措施。

案例 2 深圳西龙同辉技术股份有限公司（未过会）发审会问询问题

请发行人代表进一步说明：招股说明书披露报告期内，发行人以代理 NBS 公司产品销售产生的贸易销售收入。

请发行人代表说明：随着支付技术和移动互联网技术等的发展，基于二维码技术的支付手段、虚拟钱包、虚拟信用卡等新型无卡支付手段的发展对基于智能 IC 卡等的有卡支付方式带来的巨大影响。

案例 3 深圳华智融科技股份有限公司（未过会）发审会问询问题

报告期内发行人境外销售收入大幅增加，2015 年营业收入为 39,405.72万元，较 2014 年度减少 8864.66 万元，系中国人民银行因预授权风险事件加强对中小型第三方支付机构的监管，为此中小型第三方支付机构于 2014 年年底调整采购计划，采购数量有所下降。

请发行人代表进一步说明：2017 年 4 月，中国人民银行发布《关于实施支付机构客户备付金集中存管有关事项的通知》，说明该规定的出台对发行人客户的影响。报告期内因行业监管政策、法律法规出台或修订，发行人的经营业绩出现较大波动，补充说明行业政策、法律法规的变化是否仍对发行人经营业绩的发展造成重大不利影响，对此发行人的解决措施及有效性。请保荐机构、律师核查并发表意见。

小兵评析 ▶

上述三家企业均是金融科技领域的硬件设备提供商，其中西龙同辉专注于 IC 卡（Integrated Circuit Card，集成电路卡，也称智能卡）的生产与销售，华智融专注于金融 POS（Point of Sale，即销售终端）终端产品的生产与销售，恒银金融则是帮助银行建设智慧网点的智能硬件设备提供商。这三家企业分别在 2017 年和 2018 年进行 IPO 的审核，正逢所属行业面临强烈升级时刻。仔细来看，监管机构对于西龙同辉担心的是 IC 卡以后使用频率降低使公司可持续盈利能力面临考验，对于华智融则是担心公司大客户第三方支付机构本身面临行业政策重大变化使 POS 机需求受到重大影响，从而影响公司的可持续盈利能力。从另外一个角度来看，恒银金融则更符合行业转型升级趋势。

的确，IC 卡和 POS 机是线下交易场景的重要媒介，我们作为消费者也一度大量使用各种金融 IC 卡刷 POS 机进行交易；但显而易见的是伴随线上支付的快速渗透，虚拟卡和无感支付已经成为主流。另外，第三方支付机构在行业政策影响下，其 POS 机所依靠的收单业务告别过去高增长态势，并积极主动进行战略转型。

二、经营牌照与资质

金融科技企业目前由新金融和科技企业两部分组成。前者伴随监管机构逐渐明确责任，在传统金融机构（银行、保险、基金、证券、信托、期货等）基础上陆续新增了第三方支付、互联网小贷、消费金融、互联网保险、金交所等新金融企业监管范围，从事相关业务的企业需要获得相应的牌照。对于后者，基于金融行业是强监管属性，持牌金融机构在选择合作伙伴时，合作伙伴需要符合相应行业标准来匹配供应商资质。

案例 4　指南针（代码：300803）发审会问询问题

公司现有主营业务属于证券投资咨询服务范畴，依法应当取得中国证监会颁发的相关业务资格证书，并接受中国证券业协会及证券交易所等部门的监管。公司及其子公司现持有中国证监会颁发的证券投资咨询业务资格证书，具备从事证券投资咨询业务的资格。

广州展新于2011年9月收购具有证券投资咨询业务资格的北京君之创证券投资咨询有限公司（后更名为北京创之君投资咨询有限公司）100%股权，主要为解决天一星辰当时不具备证券投资咨询业务资格的业务经营问题，改由君之创作为从事证券投资咨询业务对外销售产品的主体。

请发行人说明：(1) 采用该种方式开展业务是否合法合规、是否涉嫌规避相关规定、是否存在潜在纠纷或风险；(2) 创之君报告期内开展业务的具体情况，主要客户和供应商与发行人是否存在重叠、与发行人是否存在同业竞争或交易、资金往来。请保荐机构、律师核查并发表明确意见。

请发行人代表进一步说明：历史上（特别是报告期内）是否持续具备主营业务所需的相关资质或许可，开展业务是否合法合规，是否存在商业贿赂等不正当竞争行为。

案例5 财富趋势（代码：688318）发审会问询问题

2017年申报IPO的问询函提到，根据招股说明书披露，中国互联网证券信息服务行业进入壁垒较高，获取证券行情信息需要取得交易所等专业数据提供机构的经营许可及认定。交易所对授权许可单位技术、资金实力要求较高，对行业新进入者形成了较高的进入门槛。请保荐机构和发行人律师说明并披露发行人取得的交易所等专业数据提供机构对发行人的许可及认定的具体情况。

在2019年发行人申报科创板的问询中，交易所对公司合计进行了四轮问询，其中对业务资质问题进行了深度剖析，具体如表2-3所示：

表 2-3 交易所四轮问询内容

轮次	内容
第一次问询	(1) 是否已取得生产经营所必需的全部相关资质、牌照、许可或认证，是否取得了全部必需的批文或注册，是否满足所必需的国家、行业及地方标准规范，是否均在有效期内且合法有效，如存在资质许可即将到期的，请说明续期办理是否存在障碍及对发行人的业务经营的影响； (2) 上述资质、牌照、许可、认证，批文或注册的取得情况，包括但不限于名称、主管部门、取得时间、编号、类别、有效期、覆盖的业务范围及其与发行人业务的具体对应关系； (3) 详细披露证监会发布的与发行人主营业务相关的法律、法规、规范性文件及主要条款，对照说明发行人是否满足上述规定要求，是否存在违规经营情形； (4) 公司主营业务包括证券分析、智能选股等，补充说明发行人是否取得证券投资咨询资质，其他从事相同或类似业务的公司是否均已取得证券投资咨询资质，发行人是否属于非法从事证券投资咨询业务； (5) 说明发行人境外经营的具体情况，是否满足相应的资质、牌照、许可或认证等要求； (6) 以列表对比的形式，补充披露发行人与同行业可比公司在业务资质、许可等方面的差异，及存在差异的原因
第二次问询	根据问询回复，公司是软件产品的供应商，公司提供的软件产品中包含证券分析和智能选股功能。同行业公司拥有的资质包括增值电信业务经营许可证（不含互联网信息服务）、增值电信业务经营许可证（仅限互联网信息服务）、网络文化经营许可证、信息网络传播视听节目许可证、广播电视节目制作经营许可证、证券投资咨询业务资质等，发行人仅拥有上述第一项。 (1) 发行人产品中的证券分析和智能选股均是客观的证券投资分析工具和功能的依据，结合中国证监会《关于加强对利用“荐股软件”从事证券投资咨询业务监管的暂行规定》，逐条分析发行人软件产品中是否提供涉及具体证券投资品种的投资分析意见，或者预测具体证券投资品种的价格走势，是否提供具体证券投资品种选择建议，是否提供具体证券投资品种的买卖时机建议，是否提供其他证券投资分析、预测或者建议； (2) 发行人业务资质明显少于同行业公司的原因，现有业务及未来业务拓展是否受业务资质较少限制，发行人取得上述业务资质是否存在实质性障碍

续表

轮次	内　容
第三次问询	(1) 发行人知识问答产品“问达”的服务内容、具体功能，是否需要取得增值电信业务经营许可证或其他相应资质证书，产品中是否存在以问答形式或其他形式变相进行推股荐股的情形，是否合法合规； (2) 补充说明发行人募投项目“通达信可视化金融研究终端”包含直播模块，但不需要取得直播相应业务资质的原因； (3) 补充说明“通达信开放式人工智能平台项目”应用于证券公司客户服务业务中，发行人是否就上述业务开展获取必备资质； (4) 若发行人无须取得证券投资咨询业务资质，请修改申报材料中“智能选股”“证券分析”等容易引起误解的表述
第四次问询	根据招股书及问询回复，发行人目前经营的网站和软件产品不需要办理增值电信业务经营许可。 请发行人补充说明其无须取得增值电信业务经营许可证（仅限互联网信息服务）的原因，向行业主管部门提出咨询或访谈的情况，是否因未取得相应资质受到处罚及对发行人生产经营的影响，并作风险揭示

小兵评析 ▶

案例 4 和案例 5 均是围绕具有证券投资咨询资质的企业展开分析，截至 2020 年 7 月末共有 83 家企业拥有这一资质，受到证监会监管。由于二级市场投资者数量庞大，且存在非法荐股、操纵市场等股市“黑嘴”乱象，如何观察和评判这些证券投资咨询机构合法合理地和投资者建立起的业务关系就变得极其重要。

尤其在对财富趋势的问询中，我们看到在前后 4 次问询中都有关于业务资质的问题，发行人也作了非常详细的合计数万字的回答。对于发行人的解释，重点有这样两个方面：(1) 发行人软件产品不属于“荐股软件”，不涉及具体证券投资品种的投资分析意见、预测具体证券投资品种的价格走势、提供具体证券投资品种选择建议、提供具体证券投资品种的买卖时机建议、提供其他证券投资分析预测或者建议等；(2) 发行人目前从事的业务不涉及增值电信业务许可证的相关事项，无须取得该业务资质。

综上所述，对于金融科技行业的发行人而言，从事相关业务获得牌照和资质是首要条件，后续是否持续遵循相关法律法规开展业务更是重中之重。

三、单一客户依赖

单一客户依赖问题算是 IPO 审核中最典型也是最普遍的问题，主要考察发行人是否依赖个别大客户经营从而存在可持续经营能力降低风险，以及过高的客户集中度是否影响到发行人业务独立性。

在金融科技行业中，对于一部分面向金融机构为主要客户的企业大概率也会面临这一问题。一方面，由于国内持牌金融机构数量相对有限，且头部机构的市场份额和采购外部服务动力更强，故相关产品服务供应商或多或少都会和这些大客户进行合作；另一方面，由于金融机构对金融科技的服务是一个持续性非常强的投入，而且服务商也非常强调和重视在某一金融机构的业务案例，故一般情况下，相关大客户会持续在公司业务贡献榜前列，很多金融机构持续是发行人第一大客户且长期保持稳定。

案例 6　上海艾融软件股份有限公司（未过会）发审会问询问题

报告期内，公司对前五大客户的销售收入占比分别为 76.90%、76.12% 和 72.98%。报告期内，公司对第一大客户的收入占营业总收入的比重较高，分别为 25.02%、23.72% 和 21.99%。

请发行人代表进一步说明：发行人报告期前五大客户收入占比较高，主要客户占比较高是否属于行业惯例，发行人对主要客户是否存在重大依赖。

小兵评析 ▶

在审核机构相关问询中，大客户依赖基本都是这一行业需要进一步阐述和说明的内容。鉴于商业模式既有情况，出现相关情况后解释清楚才是最为关键的，其中重点需要对客户合作关系的持续性、提供相关服务的可持续能力作说明，来降低对发行人可持续盈利能力和业务独立性的疑虑。

对于大客户依赖的解释，重点要从行业的竞争格局和企业的发展战略去进行，最核心的要点在于：（1）下游客户的竞争情况决定了发行人的大客户依赖现状是符合整个行业发展水平的；（2）发行人单一客户依赖的问题也是行业的惯例，并非发行人独有的情形；（3）发行人与大客户的合作是长期的、稳定的、战略性的，合作不会出现重大变化甚至终止的风险。

四、业务季节性波动

案例 7　指南针（代码：300803）发审会问询问题

报告期内证券行情交易系统及维护服务产生的业务收入占发行人主营业务收入的比重在90%左右。招股说明书中未披露细分产品的销售情况。

请在招股说明书“管理层讨论与分析”章节中补充披露：报告期内按主站产品、模块产品、需求开发、升级换代、证券行情交易系统维护服务、金融终端销售、证券信息服务等细分产品分类的收入变动情况；各季度的收入情况，结合发行人销售模式、同行业上市公司的相关情况，补充说明发行人的收入季节性波动情况是否符合行业特征。

案例 8　顶点软件（代码：603383）公开披露信息

发行人在招股书的风险提示中指出公司经营业绩存在季节性波动的风险。

公司客户主要分布于证券、期货、电子交易市场、银行等多个行业，基于其预算管理制度的特点，通常在每年年底编制下一年 IT 预算，次年上半年启动。公司的营业收入也会根据客户的预算实施情况呈现季节性波动，即收入较为集中在第四季度，全年呈上升趋势。2014 年度、2015 年度和 2016 年度，发行人第四季度销售收入占全年营业收入的比重分别为 56.71%、48.54% 及 53.02%。因此，公司的销售在年度内不均衡，公司的经营业绩存在一定的季节性波动风险。

案例 9　上海艾融软件股份有限公司（未过会）公开披露信息

发行人在招股书的风险提示中指出，发行人的客户主要是以银行为主的金融机构，银行对金融 IT 应用系统的采购一般遵守较为严格的预算管理制度，通常在每年年初制订投资计划，通过预算、审批、招标、合同签订等流程后开始实施。银行客户对软件产品的验收和货款支付有较长的审核周期，下半年尤其是年末通常是定制化开发合同验收的高峰期，因此发行人的营业收入和营业利润在下半年占比较多，业绩存在季节性波动。

小兵评析 ▶

基于已上市企业恒生电子、金证股份、顶点软件以及艾融软件等发行人公开披露的财务数据可以看出，以银行、证券、基金等金融机构为主要客户的金融科技公司，由于金融机构所具有的预算、采购、验收及付款的特点，该等金融科技企业的收入在下半年尤其是第四季度迎来确认的高峰期，业绩存在季节性波动。因此，审核机构自然会重点关注发行人的收入是否存在波动情况，以及是否与行业内的竞争对手收入的季节性波动趋于一致。

关于收入的季节性问题，除行业独有的经营风险之外，还涉及一个非常典型的财务问题，那就是收入的截止性测试问题。截止性测试主要就是核查发行人是否存在跨期调节收入和利润，以及是否存在突击确认收入从而增加业绩的情形。如果发行人第四季度的收入甚至就是 12 月的收入占全年收入的比例非常高，那么审核机构必然要对这样的特殊情形进行重点的详细核查。

五、毛利率指标

小兵认为，毛利率指标是衡量企业生产经营最重要的财务指标，没有之一。毛利率指标是衡量发行人在产业链中的话语权和其核心竞争力的重要途径，是发行人竞争优势和发展趋势最重要、最全面的体现。通过充分的市场竞争，每一行业都会拥有一个相对稳定的毛利率区间，故发行人自身的毛利率高低和其与行业平均水平的比较一般都会作为监管机构考察的重点问题之一。

金融科技领域不同的产品、不同的技术、不同的业务模式有着非常细致的划分，同时行业的政策变化和创新革命也随时发生，部分新业态或者发行人独有的业务模式并没有较多的可比较对象，这对毛利率这个最重要的财务指标的比较提出了很大的挑战。尤其是当发行人的毛利率水平与同行业可比公司的差异非常大的时候，需要发行人从各个维度进行充分的解释和说明。

案例 10 上海艾融软件股份有限公司（未过会）发审会问询问题

中国证监会《关于不予核准上海艾融软件股份有限公司首次公开发行股票并在创业板上市申请的决定》（证监许可〔2019〕1568 号）中提到，“发审委在审核中关注到：你公司报告期内主营业务综合毛利率、销售净利率逐年增长，且显著高于同行业可比上市公司。你公司未能充分说明并披露综合毛利率、销售净利率高于同行业可比上市公司的原因及合理性，未能合理解释不同客户人月单价差异较大、部分项目人月单价高于同行业可比公司的原因及合理性，未能充分说明并披露人均薪酬、研发与技术人员人均成本低于同行业可比公司的原因及合理性。发审委认为，你公司不符合《首次公开发行股票并在创业板上市管理办法》（证监会令第 142 号）第四条和第三十一条的相关规定”。

案例 11　深圳华智融科技股份有限公司（未过会）发审会问询问题

发行人报告期内同一型号产品，境外客户毛利率显著高于境内客户，境内不同客户间毛利率差异也较大。

请发行人代表说明：(1) 上述情况产生的原因及合理性，是否存在利益输送情形；(2) 主要材料采购价格下降但产品销售价格却持续增长的原因及合理性；(3) 境外销售高毛利、产品价格持续增长是否具有可持续性。

案例 12　财富趋势（代码：688318）发审会问询问题

报告期内发行人综合毛利率分别为 87.62%、90.21%、89.51%，远高于同行业上市公司。

请保荐机构结合同行业公司的产品定价、成本构成，量化分析报告期内发行人毛利率远高于同行业公司的原因；请保荐机构、会计师补充说明发行人的成本核算方式是否符合行业惯例；请保荐机构结合同行业上市公司的销售、管理费用构成明细，详细分析说明发行人销售、管理费用率远低于同行业公司的原因；请保荐机构核查并说明是否存在发行人控制股东、实际控制人或其他相关方代发行人支付成本费用的情形，说明执行的核查程序，并发表核查意见。

小兵评析 ▶

基于上述未过会和已过会的案例可以看出，发行人自身的毛利率上升或下降、相对行业平均毛利率的偏高或偏低都会成为被问询的重点问题，足见其重要性。对于相关情况的说明，我们要理解的是审核机构从来不是排斥发行人毛利率高或者净利润率高的企业，而是基于行业客观条件出发，了解发行人毛利率高低的原因。

对于毛利率水平，发行人需要做好全面的说明。比如，毛利率相比于行业平均比较高的背景下，究竟是什么因素形成的，这一因素是否是市场化竞争、是否具有可持续性；或者毛利率下降，是由行业因素还是发行人自身因素导致，这一下降是否会影响发行人的可持续盈利能力。

六、业务与财务核算真实性

诚然，业务和财务核算的真实性和准确性，对于任何一个 IPO 发行人都是最基本的要求，甚至就是 IPO 审核的底线。不过，对于金融科技企业来说，因为很多企业跟互联网和大数据相关，相对于传统的生产制造行业，其业务和财务核算显得更加复杂且困难。

从 IPO 审核的实践来看，少部分的金融科技企业就是因为在财务核算上没有做到完全准确而未通过 IPO 的审核。在业务真实性方面，由于在金融科技领域有一部分是专门为 C 端客户提供服务的企业，这就自然会引发监管机构借鉴互联网企业业务核查的方式来审核这些发行人。

案例 13 顶点软件（代码：603383）公开披露信息

中国证监会发行审核委员会（以下简称发审委）在审核中关注到，发行人存在以下情形：发行人定制软件业务的项目实施人员存在多个项目复用的情形，但未能建立有效的内部控制制度合理保证按单个项目准确归集核算人工成本，或将实施人员人工成本在各项目之间准确分摊。发行人的内部控制无法合理保证你公司财务报告中成本费用核算的准确性。发审委认为，上述情形与《首次公开发行股票并在创业板上市管理办法》（证监会令第 99 号）（已失效）第 19 条的规定不符。

案例 14　指南针（代码：300803）发审会问询问题

请保荐机构、申报会计师结合用户获取、用户身份、付费行为、现金收款、产品登录、用户在线、产品持续使用、用户产品升级、流量支出、业务系统 IT 审计等方面，说明对发行人收入真实性实施核查的具体情况，包括核查的思路框架、具体方式、抽样方法、分析性复核的目标、核查过程、结论及其充分性。

请发行人分析并披露报告期内 IDC 费用与带宽、用户数量、用户访问量等业务指标之间匹配关系，列表说明报告期内主要 IDC 服务供应商名称、与发行人是否存在关联关系、交易内容、交易金额、价格、业务量等；请保荐机构、申报会计师核查并发表核查意见。

案例 15　拉卡拉（代码：300773）发审会问询问题

招股说明书披露，目前第三方支付企业的发展路径呈现两极化方向发展。

请发行人代表说明：（1）发行人在行业两极化发展方向中自身发展定位和路径；（2）2018 年发行人商户规模从 1121 万户上升到 1963 万户，远高于报告期 POS 机的累计采购量 1564.59 万台，发行人 POS 机采购、投放与商户规模等相关数据是否匹配。

小兵评析 ▶

上述三个案例都体现了审核机构对业务和财务核算真实性的重点关注。尤其值得关注案例 13 的发行人，财务核算问题成了当时 IPO 申请未能成功的主要因素，但后期通过积极整改，发行人于 2017 年第二次申请 IPO 成功。在后续两个案例中，审核机构对相关发行人业务的核心数据和指标非常关注，毕竟互联网企业或多或少存在的“刷单”现象是监管机构密切关注的，而且监管机构也要求发行人提供其他指标，包括“IDC 费用”等类似制造型企业用电量等辅助数据进行多重验证。对于发行人而言，不论是怎样的产品和模式，其对于业务和财务核算真实性问题都不能抱有侥幸心理。

七、现金流与利润指标差异

在金融科技企业快速成长阶段，现金流和利润指标大多存在不匹配的问题。这主要由两方面因素形成：一方面，由于其客户大多为金融机构，故无论从行业地位和业务体量，相关“甲方”在产业链中都占有较大优势，导致往往账期的主导权并不掌握在发行人手中。另一方面，由于发行人需要不断地根据行业变化、客户需求做产品研发升级工作，前期的资金需求量也往往较大。作为财务方面的重要参照指标，现金流和利润指标的匹配也是监管机构重点关注的问题之一，我们在诸多问询中也看到相关要求。

案例 16 恒银科技（代码：603106）发审会问询问题

报告期内，公司经营活动产生现金流量净额分别为 -12,116.50 万元、16,005.98 万元、66.48 万元和 -9334.59 万元，净利润分别为 5840.17万元、6372.46 万元、14,133.37 万元和 8111.36 万元。

请发行人结合报告期业务规模变化、应收账款回款情况、应付账款支付情况及存货变动等因素，进一步量化分析报告期内经营活动产生的现金流和净利润差异较大的具体原因及合理性。

小兵评析 ▶

一般而言，由于每个行业特性及公司成长阶段不同，现金流和利润指标或多或少会有差异。对于金融科技企业而言，在快速发展阶段大多都会有经营性现金流净额小于净利润情况发生。

从一般层面来理解，净利润体现盈利的规模，而现金流体现盈利的质量，没有现金流支撑的企业盈利是存在重大风险的。故对于发行人而言，其做好全面及时的披露工作就比较重要了。结合上述案例来看，形成差异的原因，以及影响差异的资产负债表相关科目变动说明需要发行人作重点说明和披露。

八、关联交易与资金拆借

关联交易与资金拆借是中小企业发展中或多或少都会面临的事项。对于金融科技企业而言，由于其服务的主要客户大多是金融机构，而部分从事股权投资的机构也可能入股到了相关金融科技企业中，若股东和客户层面产生交集，则会存在部分关联交易行为。相关事项不应是阻碍 IPO 的核心障碍，发行人需要在相关行为合法合规的基础上解释清楚即可。

案例 17　顶点软件（代码：603383）发审会问询问题

招股说明书披露，报告期内，公司未发生经常性关联交易事项；金石投资完成增资成为公司股东后至 2016 年 6 月 30 日，中信证券及其控股子公司与公司之间存在偶发性关联交易，主要为发行人向其提供软件产品和软件服务，2015 年关联交易额合计 726. 61 万元，2016 年上半年合计 398. 21 万元。

请保荐机构、发行人律师进一步核查说明：（1）金石投资入股发行人前，中信证券及其子公司与发行人的交易情况，入股后的交易增加情况及原因，发行人获取上述关联交易订单的方式，是否履行了公开招投标程序，是否违反相关法律法规规定；（2）发行人上述关联交易的具体原因、定价依据，合理性，是否公允；（3）关联交易是否均已履行了必要的内外部法律程序，发行人是否已制定并实施了减少关联交易的有效措施。请保荐机构、发行人律师就发行人关联交易是否符合相关规定、内部控制是否健全并被有效执行发表明确核查意见。

小兵评析 ▶

本案例发行人为新三板挂牌企业，其主办券商曾发布风险提示公告，在审核发行人信息披露文件时，发现公司存在关联交易未履行决议及涉嫌关联方资金占用等情形，并进行了相关情况追认。虽然在后续发行人披露发审会被否原因并没有提到这一部分情况，但当时调查和补充披露流程已经耽误了其 IPO 申报进程。

第三章 农业行业 IPO 审核要点

Chapter 3

我国是农业大国，农业又区分很多细分行业和产业链，如果将农业深加工也计算在内，那么农业的市场容量肯定是个天文数字。尽管农业行业存在集中度不高的问题，但已经形成足够规模或者说满足 IPO 上市财务门槛的农业企业还是很多的。然而，农业企业 IPO 的现实极端残酷，以至于很多中介机构早就把农业企业列入了黑名单，不愿意承接农业企业 IPO 项目。小兵的观点是，目前的 IPO 审核政策不是禁止农业企业上市，不过农业企业确实存在一些上市障碍。

如果要对农业企业简单作一个总结，那么至少可以分为以下几个种类：（1）种粮食种蔬菜然后销售的；（2）养猪养鸡养鹅然后销售的；（3）养鱼养虾养海鲜然后销售的；（4）采购初始农产品进行初步加工或者深度加工然后销售的；（5）菌类产品的培育和生产销售的。

不论是哪种模式的农业企业，企业的生产经营必然都要跟农民打交道，这种情况下就可能导致财务核算的不规范。这种财务核算的不规范会涉及每个环节甚至是每个具体的节点，如采购的价格合理性、成本的结转准确性、销售的真实性核查等。

同时，农业企业尽管也存在产供销体系，但是由于特殊原因而导致一些重要且必然的证据链缺失，财务核查的手段失去有效性，从而面临着系统性财务造假的风险。在已经被披露的重大财务造假的案例中，农业企业也一直扮演着重要且不光彩的角色，不是绿化秧苗瞬间都旱死了就是养的猪突然跑丢了一些，不是水里到底有多少鱼根本说不清楚就是海参被冷水团带走了。

我们不是说农业企业都是坏的企业、都存在业绩造假，只是从 IPO 财务核查的角度来说，这类企业在财务核查方面存在天然的障碍和不确定性。农业企业可以利用多种方式去造假，就算是一个没有任何造假的企业，在核查要求面前可能也很难自证清白。这就是目前农业企业 IPO

最大的尴尬。

农业行业 IPO 审核要点主要包括个人卡及现金结算、农产品价格波动、存货、非法人客户和供应商、投入产出比、土地、税收优惠、内部控制。

一、个人卡及现金结算

农业企业最不可避免的就是跟农民打交道，这种情况下大概率会出现现金结算的情形，情况好一点的可能会存在个人卡结算的情形。这些问题在农业行业内很普遍，但在 IPO 中一般都被认为是性质相对比较严重的财务规范问题，都会引起足够重视。小兵以前强调过，目前网银和手机银行都已经非常普遍，现金交易在很多场合都没有了存在的必要，但是在农业企业还会长久存在，因为农民确实是一个比较特殊的交易对象。

关于个人卡的回款问题，在偏远的农村存在一定的现实必要性，这在实践中如果要解决，可能要考虑以下因素：（1）比例一定要下降到一定范围，10% 以下为宜，最好是 5% 以内；（2）个人卡的资金流水要非常清晰可查，并且个人卡只用于销售回款，不会与个人交易行为混同；（3）个人卡的资金要及时合并到企业账户，个人卡资金要与企业账户资金同等对待和核查。如果发行人有非常严格的内部控制措施，个人卡的资金回款与物流、合同、函证、走访等相关证据资料能够相互印证，那么个人卡回款的真实性问题还是能够得到一定保证的。

关于现金结算的问题，也是农业企业很难避免的一个问题。从审核规则来说，除客户主要是自然人的零售业务之外，一般不允许存在大规模的现金交易。为什么我们一直对现金结算感到担忧？最核心的原因是没有留痕。一个人背着现金满世界跑，真的没办法核查你的现金用来买了什么、干了什么。我们一直强调任何事情都要通过银行转账，就是因为可以留痕。因此，对于农业企业来说，现金结算等不规范情形也是需要去彻底清理的。实践中我们通过核查银行流水的确可以发现很多问题，这是目前财务核查中非常重要的核查手段。此外，关于现金结算，我们要关注以下几点：

第一，很多人认为发行人以前有现金结算，现在将其规范了就可以了。但这个问题与资金往来或者违规担保还不一样。对于现金结算，不仅需要解决规范性问题，还需要更加关注报告期内在现金支付的情况下，发行人财务核算的真实合理性。

第二，现金结算规范之后是否会增加额外的成本？如何保证原本正常的业务正常地进行？大规模支付方式的改变肯定会影响到供应商或者客户的判断，是否影响发行人的采购或者销售价格是需要解释的。

第三，现金结算的规范是不是真实有效的？是否存在反弹的可能？发行人以前现金支付是否具备充足的合理性，比如，发行人为什么不跟大型的农产品贸易公司签署采购合同进行采购呢？

有人可能会说，农业企业也可以杜绝现金交易、个人卡回款，全部交易开发票，像工业企业一样规范。关于农业企业财务不规范问题，实践中有一个悖论，就是劣币驱逐良币的问题。对于很多农业企业来说，为了 IPO 它们是可以完全做到财务规范的，可是规范之后产品销售价格或者生产成本必然提高，而农产品的价格差异不大且消费者对价格敏感，在这种情况下会导致发行人还没有上市就在市场丧失一定的竞争力。此外，企业想规范但上下游不一定配合，行业的惯例就是如此，不规范成为行业的一种标准。企业如果强行自我规范了，很可能会导致业务受阻。这也是很多农业企业宁可不上市也不规范的核心原因，不是不想规范而是不敢规范。

农业企业因为行业竞争、生产经营模式、财务核算以及税务核算要求等不同，存在很多天然的财务不规范的情形，这就要求发行人在内部控制方面建立更多的制度保障，并且这些制度要保证后续能严格执行并保证有效性。对于农业企业来说，有些行业问题或者大环境问题是无法更改的，只能把自己的内功修炼好，主要从业绩规模和财务规范性两大范畴下工夫。

案例 1 仲景食品（代码：300908）2017 年上会被否发审会问询问题

1. 招股说明书披露，报告期发行人存在向个人采购、现金支付以及销售回款经过个人账户的情形。发行人的基本账户中国工商银行西峡县支行账户与发行人员工孙某的个人账户之间的收款频繁且金额较大，除此之外报告期还有部分其他业务人员代收销售款的情况发生。

请发行人代表说明：报告期发行人向个人供应商采购农产品的金额较大，如何保证采购付款环节相关内部控制制度健全且有效运行；孙某及其他业务人员账户收款认定为发行人销售收款的真实性，是否存在调节企业收入的情况，发行人与销售收款循环相关内控制度是否健全并有效运行，以个人账户收款是否符合相关法律法规的规定。请保荐代表人说明核查过程并发表核查意见。

2. 报告期内发行人的营业收入分别为 387,345,864.70 元、438,510,759.51元、476,845,590.50 元，第三方付款金额占当期营业收入比例分别为 12.09%、16.57%、14.43%，净利润分别为 70,833,167.82 元、57,181,016.75 元、75,923,230.45 元，存货分别为 122,213,850.86 元、161,623,039.26 元、229,081,982.26 元。（1）请发行人代表解释说明报告期净利润与营业收入变动不同步的原因及其合理性。（2）发行人存货 2016 年较 2015 年增长 42%，同期营业成本增长率为 12%。请发行人代表解释说明报告期存货余额金额较大且逐年增长的原因及其合理性。（3）发行人报告期内香菇食品的毛利率分别为 43.65%、50.83%、53.19%。请发行人代表解释说明香菇食品毛利率逐年提升的原因及其合理性。（4）请发行人代表从企业商业模式的角度，解释说明接受第三方支付的必要性，说明是否制定了相应的内部控制流程，如有，请说明关键控制点的设计及执行情况，并说明这些关键控制点防范了哪些风险。

小兵评析 ▶

发行人的业务和产品还是很简单的，主要就是两种产品：一种是我们日常要吃的香菇酱；另一种就是我们可能间接要吃的食品添加剂，包括烧烤或者酒店里吃饭要用的一些食品配料。

发行人属于农业深加工的农业类企业，上游采购必然要跟农民打交道，这里必然就涉及个人采购、现金支付的问题。至于销售，发行人直销和经销的模式基本上是各采用一半，并且存在通过销售员的个人账户回款的情形。

第二个问题中，发审委所提问题在层次性和逻辑性方面都存在一些瑕疵，不过一个核心就是发行人作为农业类企业如何保证财务核查的真实性。这里主要关注到以下几个因素，小兵给大家简单总结一下：

1. 发行人报告期内收入持续增加，而净利润没有同比例变动的原因。尤其是 2014 年和 2016 年，2016 年收入比 2014 年增加近一个亿，而净利润只增加了约 500 万元。

2. 发行人存货 2016 年比 2015 年增加了 42%，而同期成本只增加了 12%，如果单纯以这样的比例变动认定发行人可能存在少结转成本的情形可能过于武断，不过发行人报告期末存货大幅增加确实存在重大的经营风险。

3. 发行人的毛利率尤其是香菇酱的毛利率报告期内持续增加，2016 年已经超过了 50%，不论是纵向的变动率还是横向与同行业的比较，发行人产品的毛利率都是一个需要重点关注的问题。再结合发行人在财务核算上的诸多瑕疵，发行人的业绩真实性确实存在嫌疑。

4. 在上一个问题中我们已经关注到发行人的个人卡回款问题，在收入方面同样还存在第三方付款的问题，这个问题确实也需要引起重点关注。

综上，对于本案例的发行人 IPO 申请，基本观点是：发行人作为农业类企业本来就是 IPO 审核的重点，如果说业绩规模足够大且财务核查也算清白明确还是可以的，本发行人就是属于大错不犯、小错不断的典型，最后直接导致监管机构对于发行人的整体财务状况没有了信心。

案例 2 金丹科技（代码：300829）2017 年上会被否发审会问询问题

报告期内，发行人存在向农户个人或经纪人现金采购原材料玉米的情况，且在 2015 年 5 月之前主要通过公司出纳人员个人账户网银转账或取现支付。

请发行人代表说明：(1) 采用出纳人员账户或现金支付的原因及合理性；(2) 采购玉米涉及主要农户或经纪人协议签订、定价原则、结算(开票) 方式、变动情况、原因及合理性；(3) 发行人现金交易内部控制制度是否健全且有效执行，与现金核算相关的材料采购和成本核算是否准确、完整。请保荐代表人说明核查过程、依据，并发表明确核查意见。

附：公开披露信息

报告期内公司各期各阶段出纳网银支付、公司银行转账支付及现金支付玉米采购款项的金额、比例，玉米采购数量及采购金额的情况如表 3-1 所示：

表 3-1 玉米采购数量及采购金额的情况

单位：万元、万吨

项目	2017 年 1—6 月	2016 年度	2015 年度				2014 年度
			1—5 月	6—11 月	12 月	年度合计	
期初应付玉米收购款	450.27	420.17	163.13				523.65
当期玉米采购入库金额	9014.81	18,223.25	21,763.91				27,952.16
当期玉米采购入库数量	5.35	10.29	10.63				12.42
当期支付玉米收购款金额	9465.08	18,193.15	21,506.87				28,312.68

续表

项目	2017年1—6月	2016年度	2015年度				2014年度
			1—5月	6—11月	12月	年度合计	
其中：出纳网银支付	—	—	2736.11	—	—	2736.11	25,725.82
公司银行转账支付	9442.07	17,691.00	—	—	3012.65	3012.65	243.79
现金支付	23.01	502.14	6609.79	9069.86	78.27	15,758.11	2343.09
期末应付玉米收购款	—	450.27	420.17				163.13
现金支付比例	0.24%	2.76%	73.27%				8.28%

注：表中玉米采购入库金额为含税金额。

报告期内，公司玉米采购主要是以向周边农户采购为主，交易对象大部分为自然人，受农村金融网点偏少及交易习惯的影响，农户不太习惯随身携带银行卡，大部分玉米销售农户偏好于现货现款交易，且更倾向于能够即时拿到现金。

鉴于公司银行账户在非工作日无法及时通过转账形式将玉米收购款支付给农户，为及时支付农户玉米款，保证公司原粮供应，公司上述玉米采购款项的支付在2014年度及2015年1—5月主要是由公司先将款项通过银行转账形式转至玉米采购出纳个人账户，再由玉米采购出纳个人账户通过网银进行转账支付或取现后支付。2015年6月以后，公司开始对玉米采购款项的支付予以规范，即不再通过玉米采购出纳个人银行账户支付玉米采购款项，改由公司银行账户取现后支付给售粮农户或通过银行转账形式支付。2015年12月以后，对于大额玉米采购款项的支付，公司要求售粮农户提供个人银行卡，采取通过公司银行转账方式支付，不再支付现金。2016年度，公司已通过银行转账方式支付了97.24%的玉米收购款项，2017年上半年则进一步上升至99.76%。

报告期内，为控制玉米采购的支付风险，公司对《货币资金管理制度》

的“现金管理”部分进行了修订完善，修订后的现金管理制度主要内容包括：

1. 现金使用范围

支付职工工资、津贴、奖金；支付个人劳务报酬，包括讲课费、稿费、咨询费及其他各项劳务报酬；根据国家规定颁发给个人的科学技术、文化艺术、体育等各种奖金；支付各种劳动保护费、福利费用以及国家规定的对个人的其他支出；向不用银行结算的个人收购农副产品和其他物资单笔金额1万元以内的价款；出差人员必须随身携带的差旅费；结算起点以下的零星支出；人民银行规定的需要支付现金的其他支出。

2. 现金库存限额

公司依据三至五天的正常开支的需要量，由银行核定库存限额。现金库存额一经核定，必须严格遵守。超过库存限额的现金，必须立即送存开户银行。需大额支付现金时，提前与开户行联系，取款当日将现金支付完毕。此外，公司将玉米采购出纳用于玉米采购款项支付的个人账户纳入公司监管范围，严格控制个人账户内的每日资金余额。

3. 出纳人员工作职责

公司出纳人员必须按照业务发生顺序逐笔序时登记“现金日记账”；现金收付款原始凭证必须经业务经办人员签字确认；对内容不完整、手续不完善、票据不合法的现金收付款业务，出纳人员有权拒绝办理；每日末，出纳人员应计算当日现金收入、支出合计数和结存数，并同库存现金实存额核对，做到账实相符，日清月结。公司财务出纳和玉米采购出纳每日对账，保证账实相符；财务部与原粮收购部每日进行单据对账，及时发现问题。

4. 现金内部控制

公司现金收付款事项，必须有人经手、有人验收、有人批准，做到凭证规范手续齐全；原始凭证不得涂改；不得超过银行核定的库存限额留存现金；不得坐支现金，不得以“白条”充抵库存现金；不得保留账外现金；审核人员要定期或不定期对库存现金进行抽查、核实，确保现金账账相符、账实相符。

公司内部审计部门、企管部、监事会定期或不定期对公司采购及付款内部控制的有效性进行检查，确保公司现金交易相关内部控制制度得以有效执行，保障公司现金收支安全。

报告期内，通过上述制度安排，公司玉米采购环节的现金结算内部控制完整、制衡、合理，并得到了有效执行。随着公司玉米采购支付方式的调整，未来公司的现金采购支付比例将进一步下降。

小兵评析 ▶

发行人的原材料主要就是玉米，而玉米基本上就是从周边的农户或者经纪人那里采购，因而从合理性角度来看，确实存在大规模的现金交易和业务员自己网银支付或者取现支付的情形。发行人 2014 年和 2015 年 1—5 月对于玉米的采购大多是现金支付或者个人支付，2015 年 5 月之后现金金额大幅下降，2016 年基本上实现了公司网银支付。

跟农民打交道使用现金自然是最便捷的，这个有现实的合理理由。但是，对于 IPO 的财务核查来说，如何保证支付的真实性和合理性，以及如何保证成本结算的完整性呢？发行人取现及付现的每一笔流水基本上是很难一一对应的，甚至每年的发生额都很难对应，这就更加增加了核查的难度。

二、农产品价格波动

在很多行业中，我们会关注到原材料价格波动或者产品销售价格波动的情形，最典型的比如化工行业。对于农业企业来说，不论是作为原材料还是作为产品销售的农产品，其价格波动具有更加明显的特点：（1）价格波动一般会非常大，甚至会存在一个企业直接实现从巨额盈利到亏损的转变；（2）价格波动的因素非常复杂且不稳定，因而农产品的价格变动趋势没有明确的标准可以进行预测，真的有点靠天吃饭的味道。

农业行业的企业必然要跟农产品打交道，因而必然会关注到其业绩因为农产品价格波动而大幅波动的问题。正是基于这个原因，我们在 IPO 审核方面也会对农业企业的业绩门槛有更高的要求。我们必须承认，农业企业有很多自身特有的风险，只有业绩规模足够大才能够最大程度上消化风险，不论是财务核查还是业绩波动。

案例 3 立华股份（代码：300761）发审会问询问题

2017 年年初至今猪价大幅波动导致商品猪毛利率下降。

请发行人代表说明：(1)“猪周期”对持续盈利能力的影响，生猪业务是否存在重大不确定性；(2) 发行人生猪业务个人中间商客户销售占比逐年增加，且占比均高于 50% 的原因及合理性，与同行业公司对比，是否符合行业特点，是否具有可持续性；(3) 发行人生猪业务个人中间商报告期内采购金额波动较大的原因；(4)“非洲猪瘟”事件对发行人未来商品猪业务可能产生的影响以及应对措施。请保荐代表人说明核查依据、过程并发表明确核查意见。

小兵评析 ▶

生猪行业是一个周期性非常显著的行业，猪的价格波动较大。猪价的周期跟生猪生长周期密切相关，并受到政府调控、突发疫情等一系列的影响。发行人的生猪业务在猪价的大幅波动下对利润的影响较大，故而持续盈利能力受到了发审会的重点关注。

三、存货

小兵认为，存货是一个综合性非常强的指标，具有承上启下的重要意义。存货包括原材料、在产品和产成品，分别对应着发行人采购、生产和销售三个最核心的业务环节，因而体现出发行人原材料采购、成本结转以及产品销售的诸多因素。实践证明，很多企业的财务不规范情形都是可以通过存货盘点来发现的，存货盘点后如果存在明显账实不符的情形，也可以断定企业的财务核算存在问题。

存货如此重要，因而存货盘点是财务核查中非常重要的一个手段。农业企业存货管理会存在很大风险，这也是农业企业 IPO 审核风险很大的重要原因。农业企业在存货盘点方面也会存在障碍，如果单纯是苗木花草还好，如果是牛羊可能会存在重复盘点的情形，如果是水里养的那就更加困难了。

案例 4　杭州千岛湖鲟龙科技股份有限公司（未过会）发审会问询问题

报告期内，发行人存货余额较大，其中消耗性生物资产（鲟鱼）占各期末存货的比例较高。

请发行人代表说明：(1) 报告期内发行人存货大幅增加的原因；消耗性生物资产确认计量的依据，是否符合行业惯例；(2) 报告期内消耗性生物资产后续价值的计量方法是否合理，是否符合行业惯例，相关饵料系数、预计平均增重是否准确，能否真实、准确计量相关消耗性生物资产价值；(3) 存货盘点制度能否有效执行，盘点过程能否准确确定数量、重量及年龄等重要数据；(4) “人工智能图像识别”技术准确率达到 97.53% 的具体含义，是否采用该技术对 2017 年半年末盘点结果进行复核；(5) 发行人现有的 ERP 系统如何消除实际平均增重与预计平均增重偏差对成本核算的不利影响。请保荐代表人说明核查过程、依据，并发表明确核查意见。

附：公开披露信息

1. 存货的基本情况

报告期内，公司的存货主要为消耗性生物资产、库存商品、饵料以及包装物和低值易耗品，其中消耗性生物资产指后备原料鲟鱼梯队。报告期内公司存货构成及变动情况如表3－2所示：

表3－2 2013—2015年公司存货构成及变动情况

单位：万元

项目	2015年12月31日		2014年12月31日		2013年12月31日	
	金额	占比	金额	占比	金额	占比
消耗性生物资产	33,764.55	88.50%	26,747.06	90.42%	21,252.32	90.60%
库存商品	3771.36	9.89%	2343.16	7.92%	1249.40	5.44%
饵料	412.10	1.08%	284.39	0.96%	160.36	0.70%
发出商品	0.28	0.00%	—	—	—	—
低值易耗品	203.85	0.53%	207.88	0.70%	289.78	1.26%
合计	38,152.14	100%	29,582.49	100%	22,951.85	100%

2. 消耗性生物资产的基本情况

报告期内，公司消耗性生物资产占比较大的主要原因是：原料雌鱼须养殖7～15年才能用于加工鱼子酱，随着业务规模的扩大，为保证鱼子酱生产的可持续性，近年来，公司通过自行养殖和外购方式不断扩充后备原料鲟鱼梯队。报告期内，消耗性生物资产账面价值稳步增长，主要系公司后备原料鲟鱼梯队规模逐年扩大和公司养殖投入逐年增加所致。

报告期内，公司消耗性生物资产的库存品种及变动情况如表3－3所示：

表3－3 2013—2015年公司消耗性生物资产的库存品种及变动情况

单位：万元

品种	2015年12月31日		2014年12月31日		2013年12月31日	
	金额	占比	金额	占比	金额	占比
杂交鲟	10,191.33	30.18%	9200.63	34.40%	7444.62	35.03%
俄罗斯鲟	18,018.44	53.36%	12,656.00	47.32%	10,128.13	47.66%
西伯利亚鲟	858.10	2.54%	1106.37	4.14%	1430.72	6.73%
史氏鲟	241.19	0.71%	312.87	1.17%	424.53	2.00%
达氏鳇	2381.87	7.05%	1773.48	6.63%	981.17	4.62%
欧杂鲟	2.53	0.01%	2.22	0.01%	2.43	0.01%

续表

品种	2015 年 12 月 31 日		2014 年 12 月 31 日		2013 年 12 月 31 日	
	金额	占比	金额	占比	金额	占比
欧洲鳇	1940. 78	5. 75%	1664. 74	6. 22%	824. 19	3. 88%
闪光鲟	130. 31	0. 39%	30. 76	0. 12%	16. 53	0. 08%
合计	33, 764. 55	100%	26, 747. 06	100%	21, 252. 32	100%

小兵评析 ▶

关于农业企业的存货盘点问题，尤其是对于养殖类企业来说，不论是无底线的段子还是很严肃的业务探讨，都能写好几本书了。这天上飞的、水里游的是最不好盘点的，尤其是扇贝游来游去，珍珠来无影去无踪的，直接将监管机构对于农业企业的最后一点信任和希望给彻底消耗完毕了。

发行人是养鱼的，具体来说是鲟鱼，养鱼的主要目的不是直接销售鱼肉而是销售鱼子酱，这是发行人的主要盈利来源。基于这种情况，发行人将鲟鱼列为消耗性生物资产。对于这种存货，到底是抽查还是全面核查，是根据每天饵料的投放量倒推存货量还是将鱼全部捞上来数一遍，都是我们要关注的问题。

本问询意见还是重点对存货盘点的一些细节问题进行了关注，并且提到发行人采用了先进的人工智能识别系统进行辅助盘点。尽管发行人 IPO 审核没有通过，但发行人对于存货问题的解释有一些思路还是值得我们借鉴的，至少可以从中看到项目组的态度和用心。

从披露的信息来看，发行人在 2015 年和 2016 年对存货进行了全面盘点，公司成立了 9 个盘点小组，每小组 5 ~ 10 人，包含操作人员、计数人员和监盘人员，对公司 6 个养殖基地的全部在养鲟鱼进行逐尾盘点，每个盘点小组平均每天盘点 5 ~ 12 个鱼池（网箱）。监盘人员除公司内审部、财务部人员外，还包括中介机构和外聘专家。本次盘点一共耗费 57 天时间。据说发行人的鲟鱼被券商盘点了两次，证监会现场核查又捞出来一次，先不说该企业能否过会，经过这么折腾鲟鱼还能不能产出鱼子酱都是个问题了。

案例5 安佑生物科技集团股份有限公司（未过会）发审会问询问题

请发行人代表：(1) 结合报告期各期养殖场数量、存栏数、人均管理商品猪数量等情况，说明报告期内存货中的消耗性生物资产和生产性生物资产余额逐年快速增长的原因；(2) 说明报告期末部分养殖场密度高达2头/平方米的原因及合理性；(3) 说明发行人划分生产性生物资产和消耗性生物资产非成熟和成熟的标准是否符合行业惯例，是否和同行业可比上市公司一致；(4) 说明报告期各期对自有猪场和契养猪场的生物性资产盘点情况，盘点结果是否存在异常；(5) 结合报告期各期生猪市场价格的波动变化情况、生猪存活率等因素，说明报告期内2014年年末和2017年6月末存货跌价准备计提比例显著高于同行业可比上市公司，而2015年年末和2016年年末未予计提存货跌价准备的原因和合理性。请保荐代表人说明核查过程和方法，并发表明确核查意见。

附:公开披露信息

表 3-4 截至报告期各期末、本公司存货账面价值按照性质分类的构成情况

单位:万元

项目	2017 年 6 月 30 日		2016 年 12 月 31 日		2015 年 12 月 31 日		2014 年 12 月 31 日	
	金额	比例	金额	比例	金额	比例	金额	比例
库存商品	7927.15	9.10%	7445.96	10.18%	6281.14	16.07%	5952.08	18.94%
原材料	32,909.35	37.79%	38,010.99	51.99%	24,101.30	61.65%	20,294.63	65.57%
周转材料	1121.87	1.29%	2148.40	2.94%	1641.78	4.20%	1175.90	3.74%
自制半成品	874.48	1.00%	1331.88	1.82%	719.31	1.84%	947.77	3.02%
消耗性生物资产	44,243.01	50.81%	24,177.80	33.07%	6351.70	16.25%	3059.93	9.74%
合计	87,075.86	100.00%	73,115.04	100.00%	39,095.22	100.00%	31,430.31	100.00%

表 3-5 2017 年消耗性生物资产

2017 年 6 月 30 日				
明细项目	数量(头)	单价(元/头)	金额(万元)	占比(%)
产房仔猪	56,834.00	285.03	1619.93	3.52
保育猪	69,819.00	419.32	2927.65	6.37
育肥猪	344,039.00	1107.15	38,090.44	82.82
后备猪	12,485.00	2687.99	3355.95	7.30
合计	483,177.00	951.91	45,993.98	100.00

续表

2016 年 12 月 31 日				
明细项目	数量(头)	单价(元/头)	金额(万元)	占比(%)
产房仔猪	43, 764. 00	335. 13	1466. 65	6. 07
保育猪	63, 915. 00	479. 54	3064. 97	12. 68
育肥猪	169, 130. 00	1030. 63	17, 431. 10	72. 10
后备猪	9406. 00	2354. 98	2215. 09	9. 16
合计	286, 215. 00	844. 74	24, 177. 81	100. 00
2015 年 12 月 31 日				
明细项目	数量(头)	单价(元/头)	金额(万元)	占比(%)
产房仔猪	17, 856. 00	220. 11	393. 00	6. 19
保育猪	28, 657. 00	387. 84	1111. 44	17. 50
育肥猪	43, 141. 00	871. 88	3761. 38	59. 22
后备猪	4811. 00	2257. 08	1085. 88	17. 10
合计	94, 465. 00	672. 39	6351. 70	100. 00
2014 年 12 月 31 日				
明细项目	数量(头)	单价(元/头)	金额(万元)	占比(%)
产房仔猪	7061. 00	264. 89	187. 01	5. 20
保育猪	9960. 00	492. 97	491. 05	13. 66
育肥猪	31, 751. 00	873. 25	2772. 67	77. 14
后备猪	507. 00	2828. 90	143. 43	3. 99
合计	49, 279. 00	729. 35	3594. 15	100. 00

小兵评析 ▶

这个问题应该说是养殖类农业企业会计处理上非常重要的一个问题，尤其是养猪的企业。一般情况下，我们会将种猪认定为生产性生物资产，然后进行逐年摊销，而将一般的生猪认定为消耗性生物资产当期进入损益。那么，在实践中就可能存在通过两种生物资产不同的认定标准从而调节业绩的情形，比如，将更多的生猪界定为生产性生物资产，有点类似于资本化，从而进行摊销调节利润。本问询问题主要就是关注这个问题，关注两种生物资产的划分标准、盘点情况、会计处理是否真实合理。尤其是，发行人生猪养殖的毛利率是远高于同行业可比公司的，是不是与这个生物资产的处理有关系呢？我们不得而知，至少有这样的疑虑。

四、非法人客户和供应商

一般情况下，工业企业的供应商和客户都是法人企业，业务合作一般开具增值税专用发票，同时货款结算也会通过银行流水，如果再加上物流相关证据，发行人产供销的证据链条就是完善的，因而一般也很难出现系统性造假的情形。对于工业企业来说，尽管偶尔也会存在非法人客户和供应商的情况，不过一般都是金额很小，对企业的影响几乎可以忽略不计。

农业企业则与之完全不同。农业企业的上游供应商或者下游客户都会存在自然人、个体工商户、农业合作社等非法人企业的情形，并且非法人企业的数量以及业务合作的金额和比重都非常高，直接影响到企业整个业务模式以及经营业绩的判断。同时，农业企业还会存在大额的现金或者个人卡结算以及票据不完善的情形，这进一步增加了财务核查的难度。此外，在财务核查手段上，农业企业供应商或者客户要么是农民，要么是小商小贩，他们对于财务核查要么不配合，要么就是在利益诱惑下极度配合，这些情形都会导致财务核查的数据失真。

对于农业企业的非法人供应商或者客户问题，实践中如果要予以规范，可以选择将合作对象调整为农村合作社或者经销商，就是从个人农民调整为法人或者一个集体，这样在银行转账以及合同签订方面就会有据可查了。

案例 6 华统股份（代码：002840）发审会问询问题

根据招股说明书，发行人主要产品生鲜猪肉的原料生猪 97% 以上来自外购，主要从福建和江西等外省的个人供应商处采购。

请发行人代表从采购价格、运输成本、运输损耗、产品质量和政策法规等方面进一步说明向异地个人供应商采购生猪的合理性，是否存在关联关系，是否存在其他利益安排或者约定；进一步说明向大客户义乌市匆忙客美食店销售的情况和真实性。请保荐代表人发表核查意见。

小兵评析 ▶

本案例向个人供应商的采购和向个体经销商的销售占到了非常大的比例，以销售占比最高的生猪销售为例，屠宰及肉类加工业务前五大供应商构成如表 3－6所示：

表 3－6 屠宰及肉类加工业务前五大供应商构成

单位：万元

年度	序号	供应商名称	采购内容	采购金额	占主要原材料采购总额的比重	所在区域
2016 年 1—6 月	1	冷小勇	生猪	4543.92	3.26%	江西省高安市
	2	郑勤宝	生猪	4520.90	3.24%	福建省南平市
	3	缪有英	生猪	4298.33	3.08%	浙江省龙游县
	4	练　英	生猪	3480.91	2.49%	河南省永城市
	5	沈　瑞	生猪	2829.03	2.03%	吉林省梨树县
	合计			19,673.10	14.10%	/

续表

年度	序号	供应商名称	采购内容	采购金额	占主要原材料采购总额的比重	所在区域
2015 年度	1	郑勤宝	生猪	11,628.56	7.10%	福建省南平市
	2	谢根亮	生猪	5758.60	3.52%	江西省樟树市
	3	周占杰	生猪	4965.46	3.03%	福建省三明市
	4	缪有英	生猪	3733.58	2.28%	浙江省龙游县
	5	浙江天蓬畜业有限公司	生猪	3424.27	2.09%	浙江省江山市
	合计			29,510.48	18.03%	/
2014 年度	1	郑勤宝	生猪	4939.58	3.76%	福建省南平市
	2	龙游康赋生猪专业合作社	生猪	3966.76	3.02%	浙江省龙游县
	3	陈春财	生猪	3307.96	2.52%	福建省南平市
	4	陈志红	生猪	2789.42	2.12%	江西省上饶市
	5	张水江	生猪	2342.94	1.78%	浙江省江山市
	合计			17,346.67	13.31%	/
2013 年度	1	余巧红	生猪	5150.99	4.36%	浙江省龙游县
	2	陈志红	生猪	3563.59	3.02%	江西省上饶市
	3	徐春龙	生猪	2591.43	2.19%	江西省余江县
	4	许有红	生猪	2386.77	2.02%	浙江省龙游县
	5	林燕军	生猪	2266.62	1.92%	福建省南平市
	合计			15,959.40	13.52%	/

显然，对于保荐机构来说，对个人供应商和个人客户的核查必然会成为工作的重点和难点，尽管从公开资料中我们找不到太多关于核查的相关内容，但从发行人经营模式的描述中我们就可见一斑。

案例 7 金丹科技（代码：300829）2017 年上会被否发审会问询问题

报告期内，发行人主要原材料玉米、煤炭、液碱、玉米淀粉以及能源等采购价格均与市场公开价格存在一定差异，同时主要供应商也出现较大变动。

请发行人代表说明：（1）主要原材料的采购价格与市场公开价格存在差异的具体原因及合理性；（2）主要供应商与发行人控股股东、实际控制人、董事、监事、高级管理人员以及其他主要股东是否存在关联关系，与发行人之间交易是否公允。请保荐代表人说明核查过程、依据，并发表明确核查意见。

小兵评析 ▶

发行人所需要的原材料基本上都是比较成熟普遍的产品，都有公开市场的大宗交易价格，如果发行人的采购价格与公开价格差异较大也是需要重点关注的。我们单说主要原材料玉米的采购价格，发行人为什么没有向大的贸易公司而是基本上向农户采购，是不是就是因为价格的因素呢？是不是因为向农民采购并且采用现金支付所以才存在价格差异比较大的情况呢？此外，关于供应商较大变动的情形，是不是因为玉米采购的因素呢？如果是其他原材料供应商变动较大，则这是需要重点关注的；如果是玉米采购，则变动较大倒也好理解。

案例 8 傲农生物（代码：603363）发审会问询问题

请发行人代表结合客户分散，变动频繁的特征进一步说明：饲料及兽药业务收入实现增长的主要原因；报告期内为了对客户和应收账款实施有效管理所采取的措施；对客户“提供资金支持服务”和“提供融资支持服务”的具体含义；是否存在向客户直接提供资金或者借款的情形。请保荐代表人发表核查意见。

小兵评析 ▶

关于发行人向自己的客户提供各种类型的帮助的问题，其实很多发行人都想过或者愿意去做，但是又担心会在 IPO 审核过程中不能得到认可，因而基本上不敢去轻易尝试。

发行人向客户提供资助，必然会被关注发行人销售收入真实性问题、与客户是否存在利益输送的问题、是否存在对发行人产生重大不利影响的风险等问题。如果因为发行人向客户提供资助，而导致审核中产生对销售业绩真实性和合理性的怀疑，那就真的是得不偿失了。这就是在企业生产经营中这种情况比较常见，而在 IPO 实践中很少遇到的原因。

总而言之，在实践中发行人向客户提供资助的基本情形包括：（1）向客户提供资金拆借，帮助客户进行资金周转；（2）为客户的融资提供担保，帮助企业向银行融资；（3）为客户提供融资租赁等类融资行为的帮助；（4）允许客户使用发行人的商号、专利等。

小兵要强调的是，有些我们比较熟悉的销售政策，应该也属于对客户进行资助的一些情形，比如信用政策的调整（如将优质客户的信用周期从 3 个月调整为 6 个月）、返点或者积分（如根据客户的销售规模进行不同比例的返点等）、帮助客户进行产品的宣传和广告推广（在加盟模式下，发行人替加盟商进行广告宣传）等。这些情形已经成为行业惯例，不仅是发行人在采用这样的模式，而整个行业都在采用这样的销售政策，因而这样的政策尽管也属于对客户的激励措施，但不会变成关注重点。

具体到本案例的发行人，监管机构同样关注到发行人向客户提供资助的具体情形、存在的潜在风险以及采取的内部控制措施。一般情况下，小兵个人会建议发行人将客户资助的情形彻底清理之后再申报 IPO。为什么发行人的行为得到了监管机构的认可呢？主要还是因为发行人的客户大部分是农民，有一定的行业特殊性。向这些客户提供一些资金帮助，也确实能够帮助企业更快做大做强，也能够提高发行人产品的销售数量。

在本案例中，发行人对于该问题主要关注点在于发行人选择资助客户的标准、发行人提供担保的内部决策程序是否合规、客户的履约情况以及是否存在违约的情况、发行人对风险是否可控等。但是，监管机构有一个问题没有关注，那就是发行人向客户提供金融帮助是否有其他的额外销售条件，如销售价格比别的客户高，单一客户必须要满足多少的销售数量等。此外，还需要关注如果发行人不向这些客户提供担保和其他帮助，客户是否还向发行人以完全同样的条件去采购产品，这个问题也是需要发行人解释清楚的。监管机构关注的要点只是解决了发行人对外担保是否存在风险的问题，并没有解释提供帮助是否影响发行人向客户销售的真实性和合理性问题。

有些人还会问，发行人既然可以向客户提供帮助，那么为什么没有见到向供应商提供帮助的。很简单，在目前情况下几乎都是买方市场，发行人不需要依赖供应商，自然也就不会主动提供帮助了。因此，如果发行人向客户提供金融帮助，必然会被关注是否对客户存在依赖这个问题。小兵最后还是要提醒大家，这种处理具有特殊性，不适合推广，在采用时还是要审慎论证。

五、投入产出比

对于工业企业来说，投入产出比是一个非常普遍并且每个企业都会重点关注的指标，这个指标决定了企业生产经营的效率，进一步决定了企业的市场竞争地位和未来发展的空间。为什么在农业行业的论证中，要单独提出来这个问题呢？主要就是想跟大家分享一个观点，农业企业在很多情况下也有工业企业的投入产出的逻辑关系，尽管可能没有那么严密。

排除农业行业上下游的特殊性因素，单独就农业企业的生产经营本身来说，它与工业制造企业并没有本质的差别。购买 1 吨玉米或者豆粕能够生产出多少吨饲料，什么年龄阶段的生猪每天要喂养多少饲料，多少饲料最后能够保证多少重量的生猪出栏，这样的线性关系基本上是固定的，在行业里面基本上也是透明的。这样的财务勾稽关系除非出现特殊情况（如疫情、原料或生猪价格大幅波动），否则都是保持稳定的，这些量化数据也是我们去核查农业企业财务真实性的重要依据。

案例 9　神农股份（代码：605296）2017 年上会被否发审会问询问题

发行人报告期内各期采购用于加工饲料的原材料明显低于饲料产量。同时，生猪养殖头数从 2014 年的 5.49 万头增加到 2015 年的 8.78 万头。

请发行人代表说明：各期采购饲料原材料数量远低于饲料产量、2015 年生猪养殖头数与采购原材料变动情况不匹配的原因及其合理性。请保荐代表人就上述问题明确发表核查意见。

小兵评析 ▶

本案例关于原材料、饲料产量、生猪头数数据不匹配的原因，公开披露信息并没有明确。不过从小兵的角度猜测，可能是发行人将饲料的产量和销售量作了处理以享受税收优惠（饲料业务是要交税的），另一种情形就是可能存在业绩调整。当然，我们也不排除发行人有一些特殊因素是我们没有了解到的，发行人的相关数据具备合理性的可能。

六、土地

农业企业在生产经营方面还有一个很大的特征，就是对土地的需求很高，实践中一般也都会存在土地和房产产权瑕疵的问题，有时候瑕疵资产的规模还很大，从而直接影响到发行人的生产经营。农业类企业尤其是养殖类企业，一般可能会涉及农村集体用地。关于这类问题，相关规则有着明确的规定，大家一定要仔细学习，尤其是涉及耕地和基本农田的问题，这是红线，不能有任何逾越。

附：根据《中华人民共和国土地管理法》的规定，乡镇企业、乡（镇）村公共设施和公益事业、农村村民住宅等三类乡（镇）村建设可以使用农民集体所有土地。

根据《中华人民共和国乡镇企业法》的规定，乡镇企业必须是农村集体经济组织或者农民投资为主，在乡镇（包括所辖村）举办的承担支援农业义务的企业。要严禁以兴办“乡镇企业”“乡（镇）村公共设施和公益事业”为名，非法占用（租用）农民集体所有土地进行非农业建设。

案例10 华统股份（代码：002840）发审会问询问题

请发行人代表进一步说明：（1）发行人畜禽养殖所需要农用地的取得过程及其履行的全部法定批准或备案等程序，是否存在纠纷和潜在法律风险，是否符合《农村土地承包法》、《农村土地承包经营权流转管理办法》（已失效）及《关于促进规模化畜禽养殖有关用地政策的通知》（国土资发〔2007〕220号）（已失效）及《关于完善设施农用地管理有关问题的通知》（国土资发〔2010〕155号）（已失效）等相关法律、法规的要求；（2）相关农村土地承包经营权证的取得情况，占用耕地情况及复耕保证书的签署情况，是否存在需要发行人补充耕地的情形，是否存在占用基本农田的情形；附属用地在每个项目中的占地面积及规模比例，以及发行人本身的畜禽养殖项目及养殖农户生产所需要设施农用地在当地政府部门的审核情况；（3）发行人所租赁或承包土地费用价格是否公允，是否存在发行人以其他方式补偿租赁或承包费用的承诺或约定，发行人股东、实际控制人是否存在以其他方式补偿土地权利人的情形。请保荐代表人发表核查意见。

附：公开披露信息

截至本招股说明书签署日，公司畜禽养殖承包、租赁农村土地情况如表3－7所示：

表3－7　公司畜禽养殖承包、租赁农村土地情况

序号	发包方（出租方）	面积	租赁期限	用途
1	义乌市义亭镇陇头朱三村村民委员会	74,667平方米	2011年9月1日—2028年8月31日	生猪养殖场
2	义乌市佛堂镇联盟村村民委员会	300亩	2011年3月10日—2028年3月10日	平望鸡场
3	义乌市大田农业开发有限公司	60亩	2011年7月1日—2028年6月30日	田心三村鸡场
4	义乌市佛堂镇田心四村村民委员会	316亩	2011年10月16日—2028年10月15日	田心四村鸡场
5	滕章良等23名农户	12.60亩	2003年10月1日—2028年10月1日	上滕鸡场
6	义乌市义亭镇车路村村民委员会	209亩	2011年5月23日—2028年12月31日	车路鸡场
7	义乌市赤岸镇东朱村村民委员会	148亩	2011年11月25日—2028年12月31日	东朱鸡场
8	义乌市佛堂镇花园口村村民委员会	376亩	2015年2月1日—2044年12月31日	花园口鸡场
9	义乌市赤岸镇杨盆村村民委员会	90亩	2015年9月1日—2028年12月30日	杨盆鸡场
10	义乌市赤岸镇上吴村村民委员会	120亩	2016年3月1日—2028年12月31日	上吴鸡场

根据原国土资源部、原农业部《关于进一步支持设施农业健康发展的通知》（国土资发〔2014〕127 号）（已失效）的规定，生产设施、附属设施和配套设施用地直接用于或者服务于农业生产，其性质属于农用地，按农用地管理，无须办理农用地转用审批手续，除未来储备用地上吴鸡场尚正在申请办理设施农用地审批手续外，其余上述承包、租赁农村土地均已办妥设施农用地审批手续。

2016 年 4 月，义乌市原国土资源局、义乌市原农业林业局出具关于发行人使用农村土地的意见，确认浙江华统肉制品股份有限公司及其全资子公司义乌市华统养殖有限公司、义乌市绿发农业开发有限公司严格遵守国家及地方有关基本农田保护、土地管理等方面的法律、法规、规章和其他规范性文件，发行人生产经营所承包、租赁农村土地符合土地利用总体规划，不存在占用基本农田的情形，亦不存在违反农村土地管理法律、法规、规章和其他规范性文件的其他情形，发行人及其子公司承包、租赁农村土地已办理必要手续，合法有效。

小兵评析 ▶

关于畜禽养殖企业对于农村集体用地管理的相关规定以及 IPO 发行审核关注的相关审核要点，在这个问询问题中作了非常详细的说明，根本都不用再解释，直接拿过来作参考就可以了。当然，对于发行人来说，其确实不存在关于这个问题的大瑕疵，中介机构也发表了明确的意见。

案例 11 安佑生物科技集团股份有限公司（未过会）发审会问询问题

发行人拥有的部分房产及土地尚未取得权属证书，还存在部分无法办理权属证明的情形、未签订土地出让合同的情形、未取得建筑工程施工许可证即开工建设的情形。发行人租赁的国有划拨地存在法律瑕疵，租赁的多处农村集体土地存在集体土地使用权流转程序瑕疵。

请发行人代表说明：(1) 未来持续使用前述房产及土地是否存在重大不确定性，是否存在被处罚的风险和其他法律风险，该等情况是否构成重大违法违规；(2) 前述瑕疵房产及土地对发行人经营与财务情况的影响；(3) 金坛猪场相关租赁资产作为融资租入固定资产和无形资产入账的依据，是否符合企业会计准则相关规定，出租方破产进展及对发行人该猪场生产经营的影响，相关资产减值准备是否充分。请保荐代表人说明核查过程和方法，并发表明确核查意见。

小兵评析 ▶

本案例中发行人有很多土地和房产方面的瑕疵，发行人都作了详细的解释，也从生产和业绩的角度解释了具体的影响。但值得注意的是，发行人将租赁的相关猪场界定为固定资产和无形资产在会计处理上是存在争议的。

案例 12　雪榕生物（代码：300511）发审会问询问题

发行人在毕节市租赁农用地从事食用菌栽培等生产经营活动。

请发行人代表说明：发行人是否依据相关规定签署设施农用地有关的协议并办理备案手续；是否存在占用基本农田的情况，是否符合保护基本农田的相关规定。请保荐代表人说明核查过程和核查意见。

附：补充法律意见书关于此问题的论述具体如下：

大方雪榕已与租赁用地所在地大方县达溪镇冷底村民委员会以及总计 532 位村民分别签订租赁协议，本次租赁经大方县达溪镇人民政府书面出文同意，并向当地县级主管部门大方县农牧局备案。大方县达溪镇冷底村民委员会、大方县达溪镇人民政府及大方县农牧局于 2015 年 1 月出具《证明函》确认上述事项。

根据《关于进一步支持设施农业健康发展的通知》（国土资发〔2014〕

127 号）（已失效）的规定，生产设施用地是指在设施农业项目区域内，直接用于农产品生产的设施用地，包括工厂化作物栽培中有钢架结构的玻璃或 PC 板连栋温室用地等。而大方雪榕生产香菇的部分阶段使用的传统农业大棚用地不属于该通知的规定中所列“包括工厂化作物栽培中有钢架结构的玻璃或 PC 板连栋温室用地”的范畴。

大方县原农牧局于 2015 年 6 月 24 日出具的《证明函》载明：“大方雪榕生物科技有限公司（以下简称‘大方雪榕’）租赁大方县达溪镇冷底村 10 个组的 844.156 亩土地用于食用菌大棚栽培等生产经营活动，前述租赁土地部分涉及基本农田。经查，大方雪榕在上述租赁土地上采用食用菌传统简易大棚栽培方式，而非钢架结构的玻璃或 PC 板连栋温室用地等工厂化作物栽培方式从事食用菌栽培生产经营活动，不属于国土资源部、农业部《关于完善设施农用地管理有关问题的通知》（国土资发〔2010〕155 号）及《关于进一步支持设施农业健康发展的通知》（国土资发〔2014〕127 号）等文件所规定的设施农用地范围，符合有关法律法规的规定。”

因此，大方雪榕农业大棚占用的农用地部分，并不属于《关于进一步支持设施农业健康发展的通知》规定的设施用地范围，无须按《关于进一步支持设施农业健康发展的通知》规定进行论证或补划，符合《关于进一步支持设施农业健康发展的通知》（国土资发〔2014〕127 号）（已失效）中禁用基本农田的相关规定。

小兵评析 ▶

这个问题涉及耕地和基本农田的问题，是小兵前面提到的红线。具体到本案例，部分香菇培育在传统农业大棚内进行，农业大棚使用了农用地，该部分农用地为租赁。发行人在处理该问题时，论证了不属于法律法规的禁止性事项，并取得了当地政府部门的确认文件，思路值得借鉴。

七、税收优惠

税收征管的基本原则是“以票控税”，并且由于增值税对每个生产环节链条的作用，工业生产企业通过发票和税收就可以对财务进行多个角度的核查。农业企业不同，其很多环节会存在免税的情形，导致无法形成一个完整的链条。这种情况下，企业在有的环节就没有了开发票的冲动，就算是企业愿意规范，上下游由于没有约束措施都不一定去配合。发票开具不规范，同样也是农业企业一个典型的问题。

同时，农业企业有很多税收优惠，企业有足够的动机在不同的生产环节和领域进行“移花接木”，让应该纳税的业务转变成可以免税的，这就造成财务核算的真实性存在问题。农业企业最主要的税收优惠如表 3－8 所示：

表 3－8　农业企业主要税收优惠

序号	法律法规	具体规定
1	《中华人民共和国增值税暂行条例》	农业生产者销售的自产农产品免征增值税
2	《中华人民共和国企业所得税法》	（一）企业从事下列项目的所得，免征企业所得税： 1. 蔬菜、谷物、薯类、油料、豆类、棉花、麻类、糖料、水果、坚果的种植； 2. 农作物新品种的选育； 3. 中药材的种植； 4. 林木的培育和种植； 5. 牲畜、家禽的饲养； 6. 林产品的采集； 7. 灌溉、农产品初加工、兽医、农技推广、农机作业和维修等农、林、牧、渔服务业项目； 8. 远洋捕捞。 （二）企业从事下列项目的所得，减半征收企业所得税： 1. 花卉、茶以及其他饲料作物和香料作物的种植； 2. 海水养殖、内陆养殖

案例13 立华股份（代码：300761）反馈意见

招股说明书显示，发行人主要享受生产、销售的肉禽、种禽、蛋品、生猪等农产品收入所得免缴增值税及免征企业所得税两项税收优惠政策，同时政府给予补助，金额及比例均较高。

请发行人分析说明：（1）未来不能持续享受税收优惠政策的风险；（2）逐项政府补助的性质及内容；（3）定量分析是否存在严重依赖税收优惠及政府补助的情形；（4）结合各年备案免税情况、计算依据，说明各项减免金额与财务报表相关科目的勾稽关系。请保荐机构、申报会计师进行核查并明确发表意见。

小兵评析 ▶

发行人2014年至2017年1—9月，减免所得税金额分别为8781.56万元、1.09亿元、1.31亿元、5421.51万元，分别占当期净利润的25%、24.99%、24.99%、25%，合计金额约3.8亿元。另外，2014年至2017年1—9月，收到的政府补助分别为4347.00万元、686.04万元、1275.67万元、4306.70万元。这样的税收减免金额和政府补助金额对于发行人的净利润来说影响非常大，受到监管机构的重点关注也是理所当然的。

第四章

传媒广告行业 IPO 审核要点*

Chapter 4

* 原文作者：朱鹏飞，根据体系有改动。

传媒行业根据全球行业分类标准（Global Industry Classification Standard,GICS）可以细分为四类，分别是广告业、广播业、有线和卫星电视业以及出版业。传统媒体广告形式主要通过电视、广播、报纸、杂志四大媒体进行传播信息。在数字经济的发展以及互联网的推动下，广告行业出现了新的模式，视频网站、社交媒体等更高传播效率的新型互联网媒体层出不穷，并且已经成为主流。

传媒广告行业细分领域有传统电视广告、互联网移动广告、场景活动市场以及公关服务市场等。广告行业服务的客户需求升级，以及企业品牌管理意识的增强，对传统的广告模式也提出了新的要求。服务公司各司其职导致各个活动之间增加了信息成本，促使从事营销服务的各类企业进行转型整合，即通过多种营销方式提供综合一体化解决方案服务，加强传统的广告营销传播与载体之间的契合度，扩大传播效率与刺激受众群体的体验。

从 IPO 审核实践来看，最近几年上市的传媒广告行业的上市公司也是以整合营销方案为主要经营业务。根据不完全统计，目前在 A 股的传媒广告行业的企业情况如表 4 –1 所示：

表 4 –1　在 A 股的传媒广告行业的企业情况

公司中文名称	证券代码	证券名称	上市日期	注册资本（万元）
浙江华媒控股股份有限公司	000607. SZ	华媒控股	1996 年 8 月 30 日	101,769. 84
湖南电广传媒股份有限公司	000917. SZ	电广传媒	1999 年 3 月 25 日	141,755. 63
分众传媒信息技术股份有限公司	002027. SZ	分众传媒	2004 年 8 月 4 日	1,467,788. 03

续表

公司中文名称	证券代码	证券名称	上市日期	注册资本（万元）
广博集团股份有限公司	002103. SZ	广博股份	2007 年 1 月 10 日	53,427. 30
北京蓝色光标数据科技股份有限公司	300058. SZ	蓝色光标	2010 年 2 月 26 日	249,103. 78
广东省广告集团股份有限公司	002400. SZ	省广集团	2010 年 5 月 6 日	174,333. 71
山东联创产业发展集团股份有限公司	300343. SZ	联创股份	2012 年 8 月 1 日	115,758. 60
思美传媒股份有限公司	002712. SZ	思美传媒	2014 年 1 月 23 日	58,120. 25
上海龙韵传媒集团股份有限公司	603729. SH	龙韵股份	2015 年 3 月 24 日	9333. 80
引力传媒股份有限公司	603598. SH	引力传媒	2015 年 5 月 27 日	27,062. 30
北京元隆雅图文化传播股份有限公司	002878. SZ	元隆雅图	2017 年 6 月 6 日	22,141. 41
华扬联众数字技术股份有限公司	603825. SH	华扬联众	2017 年 8 月 2 日	22,861. 56
广东因赛品牌营销集团股份有限公司	300781. SZ	因赛集团	2019 年 6 月 6 日	8454. 14
广东电声市场营销股份有限公司	300805. SZ	电声股份	2019 年 11 月 21 日	42,323. 00
三人行传媒集团股份有限公司	605168. SH	三人行	2020 年 5 月 28 日	6967. 78
四川新闻网传媒（集团）股份有限公司	300987. SZ	川网传媒	2021 年 5 月 11 日	13,336. 00

对于不同载体形式的广告公司，审核机构主要关注的问题包括发行人的客户集中度、供应商集中度、关联交易的披露，财务方面关注发行人的经营现金流稳定性等。

一、客户集中度

其实很多行业都会有核心客户较为集中的特点，这个我们在分析其他行业的时候也专门分析过。下游客户集中度很高，主要是因为行业竞争，下游客户所处行业市场竞争不充分，出现了头部企业占据绝大多数的市场份额，而其余的企业只能分一小杯羹的现象。作为上市的发行人，必然要与行业的头部企业开展稳定的业务合作，因而客户集中也就是不可避免的，当然也是合理的。

2019 年 3 月 25 日，证监会发布的《首发业务若干问题解答》将客户集中问题专门进行了解释，目的在于关注发行人的持续经营能力，如果重要客户出现重大不利变化，会对发行人业务的稳定性产生重大不利影响。《首发业务若干问题解答》还提到如果发行人的行业具有一定的特殊性，下游客户的行业分布集中度较高，如电力、电网、电信、石油、银行、军工等行业，那么在申报中应当披露发行人与同行业可比上市公司的比较情况，说明客户集中是否符合行业特性，发行人与客户的合作关系是否具有一定的历史基础，是否有充分的证据表明发行人采用公开、公平的手段或方式独立获取业务，相关的业务是否具有稳定性以及可持续性，并予以充分的信息披露。

对于广告行业来说，客户资源绝对是行业竞争最重要的壁垒之一，企业拥有大量稳定、优质的客户资源是不断快速成长的基础；企业能否取得品牌客户的认可与信任，并且建立长期的战略合作关系，也是 IPO 审核中重点关注的问题。

附：《首发业务若干问题解答》（部分）

部分首发企业客户集中度较高，如向单一大客户销售收入或毛利占比超过 50% 以上，在何种情况下不构成重大不利影响？

答：发行人来自单一大客户主营业务收入或毛利贡献占比超过 50% 以上

的，表明发行人对该单一大客户存在重大依赖，但是否构成重大不利影响，应重点关注客户的稳定性和业务持续性，是否存在重大不确定性风险，在此基础上合理判断。

对于非因行业特殊性、行业普遍性而导致客户集中度偏高的，保荐机构应充分考虑该单一大客户是否为关联方或者存在重大不确定性客户，是否为异常新增客户；客户高度集中是否可能导致对其未来持续盈利能力存在重大不确定性的重大疑虑，进而影响是否符合发行条件的判断。

对于发行人由于下游客户的行业分布集中而导致的客户集中具备合理性的特殊行业（如电力、电网、电信、石油、银行、军工等行业），发行人应与同行业可比上市公司进行比较，充分说明客户集中是否符合行业特性，发行人与客户的合作关系是否具有一定的历史基础，有充分的证据表明发行人采用公开、公平的手段或方式独立获取业务，相关的业务具有稳定性以及可持续性，并予以充分的信息披露。

针对因上述特殊行业分布或行业产业链关系而导致发行人客户集中情况，中介机构应当综合分析考量以下因素的影响：一是发行人客户集中的原因，与行业经营特点是否一致，是否存在下游行业较为分散而发行人自身客户较为集中的情况及其合理性。二是发行人客户在其行业中的地位、透明度与经营状况，是否存在重大不确定性风险。三是发行人与客户合作的历史、业务稳定性及可持续性，相关交易的定价原则及公允性。四是发行人与重大客户是否存在关联关系，发行人的业务获取方式是否影响独立性，发行人是否具备独立面向市场获取业务的能力。

同时，保荐机构应当提供充分的依据说明上述客户本身不存在重大不确定性，发行人已与其建立长期稳定的合作关系，客户集中具有行业普遍性，发行人在客户稳定性与业务持续性方面没有重大风险。发行人应在招股说明书中披露上述情况，充分揭示客户集中度较高可能带来的风险。符合上述要求，一般不认为对发行条件构成重大不利影响。

案例 1 三人行（代码：605168）发审会问询问题

报告期各期发行人对前五大客户的收入占比分别为 71.22%、77.80%和 75.36%，主要客户包括伊利集团、中国电信、中国移动、京东集团、中国工商银行等。

（1）请说明并在招股说明书业务与技术章节关于主要客户的部分，补充披露发行人与以上客户的首次合作时间、获取以上客户的主要方式、与以上客户的合作是否具有稳定性和可持续性以及依据，并结合同行业可比公司的客户集中度，说明发行人客户较集中是否具有行业普遍性，发行人是否采用公开、公平的手段或方式独立获取业务，相关的业务是否具有稳定性和可持续性；（2）请在招股说明书中列示报告期各期对各主要客户提供的具体项目或服务情况，以及收入的金额和占比，并说明报告期内对同一客户提供的服务的变化原因和合理性；（3）请补充披露不同服务类别在报告期各期的主要客户的名称、收入金额和占比。

请发行人的保荐机构和申报会计师核查以下事项并明确发表核查意见：（1）发行人客户集中是否与行业经营特点一致；（2）发行人在其行业中的地位、透明度和经营状况，是否存在重大不确定性风险以及依据；（3）发行人与主要客户的合作历史、业务具有稳定性和可持续性的依据，相关交易的定价原则以及是否公允；（4）发行人与主要客户是否存在关联关系，发行人是否具备独立面向市场获取业务能力的依据。

附：公开披露信息

发行人与主要客户长期合作，自 2004 年开始与中国移动合作，自 2008 年开始与中国电信合作，自 2013 年开始与中国工商银行、京东集团合作，自 2014 年开始与中国农业银行合作，自 2015 年开始与伊利集团合作，自 2016 年开始与派瑞威行合作，自 2017 年开始与国家体彩中心合作。报告期内，发行人主要通过招投标的方式获取主要客户，发行人向前五大客户销售情况如表 4－2所示：

表 4－2　报告期内发行人向前五大客户销售情况

报告期	序号	客户名称	销售额（万元）	占营业收入比例
2019 年 1—6 月	1	伊利集团	33,351.13	46.78%
	2	中国电信	11,185.95	15.69%
	3	中国移动	7211.01	10.11%
	4	中国农业银行	4520.99	6.34%
	5	国家体彩中心	3869.87	5.43%
	合计		60,138.95	84.35%
2018 年度	1	伊利集团	25,684.23	23.36%
	2	中国电信	25,084.20	22.81%
	3	中国移动	20,623.46	18.76%
	4	京东集团	5762.68	5.24%
	5	中国工商银行	5702.88	5.19%
	合计		82,857.46	75.36%
2017 年度	1	中国电信	30,413.65	40.10%
	2	中国移动	11,028.44	14.54%
	3	京东集团	8854.64	11.68%
	4	中国工商银行	4812.69	6.35%
	5	伊利集团	3896.48	5.14%
	合计		59,005.90	77.80%
2016 年度	1	中国电信	17,047.81	46.22%
	2	中国移动	6286.59	17.04%
	3	派瑞威行	1461.78	3.96%
	4	京东集团	754.94	2.05%
	5	中国工商银行	718.70	1.95%
合计			26,269.81	71.22%

注：上述客户系按同一控制下的合并口径统计的。

小兵评析 ▶

发行人虽然没有单一客户销售占比超过 50% 的情况，但是前五大客户合计收入占比超过了 70%，依旧引起了证监会的关注。从证监会的审核要点来看，发行人的下游客户所处行业与竞争情况并非为证监会提及的例外行业，因此发行人要披露其客户的具体合作情况，同时要与可比上市公司的客户情况进行对比，分析说明客户集中度是否合理，是否符合行业惯例。

发行人的前五大客户均为知名企业，而且营业收入规模也在连年上升，而前五大客户的变动幅度也属于合理范围以内，但是可比公司如蓝色光标（代码：300058）、华扬联众（代码：603825）以及广博股份（代码：002103）的前五大客户合计均未超过 50%。发行人对前五大客户的依赖度还是较高的。从这个案例我们可以看出，在充分披露相关的情况并可说明合理性的前提下，只要“单一客户超过 50%”这个红线没有触及，即使前五大客户集中度较高，企业也不会因为客户依赖度较高而受到影响。

当然，更加值得注意的是，目前注册制的审核下，审核机构对于单一客户依赖超过 50% 的例外情形也有了更加宽泛的理解和把握。不只是代表某个行业的大型国企、某些行业的龙头企业、知名的品牌企业或者上市公司，其他企业也可以成为 50% 红线的例外情形。

案例 2　杭州致瑞传媒股份有限公司（未过会）发审会问询问题

报告期各期，发行人向第一大客户宏盟集团下属公司的销售金额占当期营业收入的比例分别为 67.39%、77.42% 和 89.66%，向第一大供应商浙江广播电视集团的采购金额占当期采购总额的比例分别为 56.67%、77.43%、73.95%。

请发行人代表进一步说明：（1）发行人与宏盟集团及其下属公司的主要合作方式，发行人与宏盟集团之间是否存在长期的战略合作协议或其他关联关系，发行人与宏盟集团下属公司的交易是否具有可持续性，宏盟集团是否会越过发行人直接或通过其他公司与发行人供应商浙江广播电视集团等进行交易，发行人是否存在被替代的经营风险，是否对宏盟集团下属公司存在重大依赖；（2）发行人与第一大供应商浙江广播电视集团合作的主要方式，招商谈判的具体程序，媒体代理售价的确定依据；发行人与浙江广播电视集团的合作是否具有稳定性和可持续性，发行人是否对浙江广播电视集团存在重大依赖；（3）发行人及其股东、董监高与宏盟集团及其下属公司及其董监高和主要业务人员、浙江广播电视集团及其主要管理人员和业务人员是否存在关联关系或其他利益关系；（4）发行人客户和供应商集中度远高于同行业可比上市公司的具体原因和合理性，发行人的独立性是否存在重大缺陷，发行人客户和供应商集中度高对其持续盈利能力是否存在重大不利影响；（5）发行人在采购与销售过程中是否曾发生商业贿赂行为，相关内控制度是否健全并能有效执行，相关风险是否充分揭示。请保荐代表人发表核查意见，并说明发行人是否符合《首次公开发行股票并上市管理办法》第 30 条、第 42 条的相关规定。

附：公开披露信息

发行人是专业从事媒体广告经营的广告公司，能够同时为客户提供媒介代理服务和专项营销服务。报告期内各期向前五名客户的销售情况如表 4－3 所示：

表 4－3　报告期内各期向前五名客户的销售情况

报告期	客户名称	金额（万元）	占营业收入比例
2017 年 1—6 月	宏盟集团下属公司	21,546.18	53.96%
	昌荣传媒股份有限公司	5342.57	13.38%
	北京瀚天润海广告有限公司	5259.10	13.17%
	广州市巧美化妆品有限公司	4245.28	10.63%
	广州市合生元生物制品有限公司	1251.54	3.13%
	合计	37,644.67	94.27%

续表

报告期	客户名称	金额（万元）	占营业收入比例
2016 年	宏盟集团下属公司	49,447.49	89.66%
	上海百雀羚日用化学有限公司	1950.00	3.54%
	电通安吉斯集团下属公司	1088.73	1.97%
	时尚星光（北京）传媒股份有限公司	933.24	1.69%
	厦门雷霆信息技术有限公司	433.43	0.79%
	合计	53,852.88	97.65%
2015 年	宏盟集团下属公司	51,419.16	77.42%
	上海百雀羚日用化学有限公司	12,547.17	18.89%
	电通安吉斯集团下属公司	1197.23	1.80%
	杭州明珠电视传媒有限公司	582.60	0.88%
	广州韵洪广告有限公司	179.25	0.27%
	合计	65,925.41	99.26%
2014 年	宏盟集团下属公司	45,479.38	67.39%
	上海百雀羚日用化学有限公司	10,047.17	14.89%
	电通安吉斯集团下属公司	7904.24	11.71%
	阳狮集团下属公司	2775.84	4.11%
	爹地宝贝股份有限公司	542.22	0.80%
合计		66,748.85	98.90%

报告期内，本公司对宏盟集团下属公司的销售额超过销售总额的 50%，2014 年至 2017 年 1— 6 月的销售额分别是 45,479.38 万元、51,419.16 万元、49,447.49 万元和 21,546.18 万元，占发行人营业收入的比例分别为 67.39%、77.42%、89.66%和 53.96%。

发行人与国际 4A 广告公司宏盟集团下属公司之间的合作模式是在广告行业全球化经营和媒介资源地区化分布的背景下产生和发展的。宏盟集团下属公司优势主要体现在综合服务能力和媒体整合能力，本土广告公司的媒体资源集中在省级卫视及地方电视媒体，宏盟集团需要与本土广告公司共享媒介资源，也需要本土广告公司提供区域性的媒介策略服务以及内容营销服务。

而发行人是专业从事媒体广告经营的广告公司，具备媒介策略优势、广告创意优势、媒体资源优势、服务优势以及团队优势等，能够同时为客户提供媒介代理服务和专项营销服务，并且具备了大多数其他本土广告企业所不具备的与国际 4A 广告公司长期合作的经验。公司的突出优势和业务经验，已使公司成为国际 4A 广告公司不会轻易放弃的优质服务资源，这决定了公司与宏盟集团的合作可以长期稳定。

尽管发行人对第一大客户不存在依赖，但如果未来出现发行人与宏盟集团下属公司的合作关系不能持续，或者宏盟集团下属公司经营状况发生重大变化，并且发行人新业务的增长和新客户的开发不理想，则将对发行人的经营造成较大不利影响。

小兵评析 ▶

发行人的主要经营模式就是根据客户的需求进行分析制定策略，然后集中与所选媒体进行购买并最终投放，从中获得服务费。这种盈利模式是媒体广告行业较为常见的形式，行业中媒体资源、资金实力等都是行业壁垒。

因为发行人的业务模式而导致了单一客户和供应商依赖，从而也就成为 IPO 审核中重点关注的问题。这里我们主要讨论客户依赖的问题。

宏盟集团是世界排名前十的广告集团，该公司的业务情况和行业地位是毋庸置疑的。从这个角度来讲，发行人对这个客户销售的占比金额高一点是可以理解的，也符合基本的商业逻辑。但是，本案例的发行人对这个单一客户的依赖有很多特殊之处，这些因素累积在一起就影响到了关于发行人业务独立性的判断，这些因素具体体现在：

1. 发行人向宏盟集团的销售占比从报告期期初的 67% 直接提高到了报告期期末的 90%，大部分 IPO 案例都是对单一客户销售的比例呈逐年下降的趋势，而这样的大比例增加确实存在很大的经营风险。因此，监管机构关注到了发行人与宏盟集团是否存在长期战略合作协议以及协议的稳定性如何保证的问题。

2. 宏盟集团是一个大的广告集团，也的确有很多国内知名企业为其客户，但是这些客户是不直接与发行人打交道做生意的。通俗地讲，发行人有点类似于宏盟集团的一个代工厂或者批发商，宏盟集团拿到广告订单后将一部分业务转交给发行人来承做而已。在这种情况下，发行人与客户的合作关系就不是我们常说的“相互依赖，谁也离不开谁”，而是一种单方向的依附，即发行人与客户的合作关系是不稳固的，这也是监管机构一直关注的问题。基于这个原因，监管机构也担心宏盟集团完全可以跳过发行人直接与客户交易，或者寻找其他的业务合作伙伴。当然，也可能因为发行人与浙江卫视的合作关系非常好，宏盟集团也需要发行人的渠道和资源，但是这样的竞争优势是很难讲清楚的。

二、供应商集中度

对于传媒广告行业来说，企业竞争最重要的就是媒体资源，优质的媒体资源有更好的传播效果，因此优质的媒体资源成为广告行业的天然壁垒。

随着广告业的发展，优质媒体对于广告代理方有着较高的要求并通常会与之建立长期稳定的合作关系，同时媒体公司特别是互联网媒体公司为了扩大销售规模，会通过专业的中、大型广告代理公司对接广告主，因此新进入行业的企业由于能力以及资质受限，在短期内难以获得多样化优质媒体资源。

审核机构对于首发上市的过程中供应商集中情况会重点关注，主要关注点为供应商对于发行人的关系建立合作的时间、交易定价公允性、是否对大供应商有依赖性等。为了防止未来供应商发生重大不利因素，造成发行人业务的恶化，对于单一供应商占发行人采购总额 50% 以上的情况，需要发行人额外披露更为详细的信息。

案例 3 北京中视电传传媒广告股份有限公司（未过会）发审会问询问题

根据招股说明书，发行人报告期内向前五大供应商采购占比较高，分别为 87.73%、94.91% 和 94.52%，且有一定变动。

请发行人补充说明：（1）前五大供应商的基本情况，供应商的成立时间、注册资本、主营业务、股权结构、控股股东及实际控制人、采购产品类型、与发行人的业务由来及合作情况；新增供应商及单个供应商采购占比变化的原因；报告期内发行人的主要客户之间、主要供应商之间以及主要客户与供应商之间是否存在关联关系；发行人是否对主要供应商尤其是央视、央影存在重大依赖，相关风险是否在招股说明书中进行充分揭示。（2）前五大供应商及其控股股东、实际控制人、董事、监事、高级管理人员、其他核心人员与发行人及其关联方是否存在关联关系，有无交易、资金往来。请保荐机构、发行人律师和申报会计师对上述事项进行核查，说明核查过程、提供相关依据并发表明确意见。

附：公开披露信息

当前，公司聚焦于优质电视媒体广告代理业务，电视媒体广告资源采购主要集中于央视和央影。2017 年度、2016 年度和 2015 年度，公司从央视和央影采购的媒体广告资源成本占公司同期营业成本的比例分别为 97.47%、90.85% 和 89.40%。

报告期内，发行人主营业务成本构成如表 4－4 所示：

表 4－4 报告期内发行人主营业务成本构成

单位：万元

业务类型	2017 年度		2016 年度		2015 年度	
	金额	比例	金额	比例	金额	比例
媒介代理	162, 115.89	68.94%	88, 308.42	62.72%	55, 177.08	58.79%
客户代理	73, 047.81	31.06%	52, 492.07	37.28%	38, 680.47	41.21%
合计	235, 163.70	100.00%	140, 800.49	100.00%	93, 857.54	100.00%

报告期内，发行人的供应商主要是央视、央影或电影频道制作中心和其他

媒体广告资源提供方，其中前五位供应商的采购情况如表 4－5 所示：

表 4－5 报告期内前五位供应商的采购情况

报告期	排名	供应商名称	采购金额（万元）	占营业成本比例
2017 年度	1	央视	193,551.35	82.30%
	2	央影	35,651.65	15.16%
	3	北京东源恒青广告有限公司	622.64	0.26%
	4	上海全土豆文化传播有限公司	587.85	0.25%
	5	上海爱奇艺文化传媒有限公司	525.01	0.22%
	小计		230,938.51	98.20%
2016 年度	1	央视	77,228.58	54.85%
	2	央影	50,689.14	36.00%
	3	天津文传世纪文化传播有限公司	2140.87	1.52%
	4	飞狐信息技术（天津）有限公司	1633.24	1.16%
	5	慕威时尚文化传播有限公司	1394.88	0.99%
	小计		133,086.71	94.52%
2015 年度	1	电影频道制作中心	42,738.66	45.54%
	2	央视	41,171.58	43.87%
	3	江苏省广播电视集团有限公司	3621.65	3.86%
	4	盛世长城国际广告有限公司	1552.82	1.65%
	5	飞狐信息技术（天津）有限公司	1263.03	1.35%
	小计		90,347.73	96.26%

注：2015 年 6 月 25 日，电影频道制作中心独资成立央影。从 2016 年开始，公司代理电影频道广告资源的合同签约主体由电影频道制作中心变更为央影。

小兵评析 ▶

发行人的主营业务是媒介代理业务和客户代理业务。媒介代理业务是指公司集中进行媒介资源采购，如向央视、央影等电视媒体采购整频道或部分栏目、时段的广告资源，经过公司策划设计出具有竞争力的广告服务方案，并向广告主进行销售，以赚取差价以及增值服务收益的业务。客户代理业务是指公司根据广告客户的需求，为客户提供定制化整合传播策略与代理购买媒介服务，并进行广告投放监测和效果评估的业务。

从上面的介绍来看，发行人其实提供的是通过购买媒介的资源，结合客户的情况，为客户选择最优的广告策略等，再最终获得客户的代理费，从而获得差价。从公开信息来看，企业最核心的竞争力和盈利来源就是依靠媒介资源，再来匹配合适的客户，而企业目前的核心供应商（媒介）采购金额占据营业成本的90%以上。因此，IPO 审核重点关注问题中总体透出的一个信号是，需要明确企业未来的持续经营能力和盈利能力不得受商业合作方的影响而产生重大风险。

发行人的主要供应商中，央视和央影为重要合作对象，而且央视的采购额从43%一度超越50%直到最后的80%以上，可以看到发行人的发展方向是逐步倾向于央视。在企业的招股说明书中也重点披露了如果未来公司不能持续获得既有或者新的央视、央影媒体广告资源，将会对公司业务经营产生重大不利影响。如果只是解释说明现有的关系有多么可靠，未来的情况自己也说不清楚，恐怕这样是没有办法说服监管机构的，发行人最终也没有通过 IPO 审核。

三、关联关系披露

证监会对关联交易的关注度很高，关联交易的必要性、合理性和公允性通常都需要进行详细说明。证监会发布的《首发业务若干问题解答》明确指出，需要发行人披露关联交易中的交易内容、交易金额、交易背景，以及相关交易与发行人主营业务之间的关系；另外，还要对比可比市场的公允价格等，说明是否会存在对发行人或关联方的利益输送，并且要求发行人披露未来减少与控股股东、实际控制人发生关联交易的具体措施。

案例 4　中国南航集团文化传媒股份有限公司（未过会）发审会问询问题

请发行人：(1) 进一步核查说明发行人与南方航空签订的《无形资产特许使用协议》，以及与贵州航空、重庆航空、厦门航空等签订媒体资源使用协议的主要权利义务约定情况，并结合发行人与无关联第三方的交易定价情况，进一步分析说明发行人与上述公司间交易定价的依据和公允性，说明发行人股东是否存在利益输送的情形；(2) 结合与无关联第三方比较，说明发行人租赁南航集团相关物业的定价依据及公允性；(3) 进一步说明发行人与南航集团就商标许可使用的具体约定，并在招股说明书中列表披露被许可使用的商标、使用期限、主要约定条款、交易对价等；(4) 进一步说明发行人将资金安排存放于南航集团下属南航财务的背景，是否符合《首次公开发行股票并上市管理办法》(2006 年修正) 第 17 条关于发行人财务独立性的要求。

请保荐机构、发行人律师就发行人与控股股东下属公司间的多项关联交易是否对发行人独立性产生不利影响，是否对控股股东产生重大依赖，是否符合《首次公开发行股票并上市管理办法》(2006 年修正) 第 19 条的规定发表专项核查意见。

附：公开披露信息

企业主要作为报刊出版商与媒体资源综合运营商，具体从事报刊出版、媒体经营、客户代理、公关与设计等传媒业务，是目前国内拥有采编出版业务的航机传媒领先企业。通过媒体经营实现的收入为公司营业收入的主要来源，其中 2014 年媒体经营业务收入占公司营业收入的比重为 92.85%。

公司在国内航空传媒运营商中率先通过买断协议方式取得航机媒体资源，具有先发优势。航机传媒的主要受众为航空旅客，南方航空是目前国内机队规模最大、年客运量最大的航空公司。此外，公司与央视新影集团科影厂于 2012 年 1 月 4 日签署《〈发现之旅〉频道合作经营协议》，建立起战略合作关系，取得 20 年期限的 CCTV－发现之旅频道独家商业运营权和“发现之旅”

商标使用权。这为公司构建全媒体运营平台，拓宽收入来源渠道，推进公司发展战略，奠定了重要基础。

目前，公司主要从事报刊出版，以及航机媒体、CCTV－发现之旅频道等媒体资源的经营等业务，经营范围覆盖报刊出版、媒体经营、客户代理、公关与设计等领域。媒体经营收入为公司营业收入的主要来源。

报告期内，公司主营业务收入及其占营业收入的比例情况如表 4－6 所示：

表 4－6　报告期内公司主营业务收入及其占营业收入的比例情况

业务类别	2015 年 1—6 月		2014 年度	
	金额（万元）	比例（%）	金额（万元）	比例（%）
媒体经营	15,787.51	95.10	38,761.58	92.85
公关与设计	458.20	2.76	2189.10	5.24
客户代理	2.52	0.02	60.04	0.14
合计	16,248.24	97.88	41,010.71	98.23
业务类别	2013 年度		2012 年度	
	金额（万元）	比例（%）	金额（万元）	比例（%）
媒体经营	39,726.18	92.99	37,200.90	87.94
公关与设计	2095.30	4.90	3238.78	7.66
客户代理	302.02	0.71	571.63	1.35
合计	42,123.50	98.60	41,011.31	96.95

通过公司经营的媒体资源进行宣传的广告主，主要涉及房地产、汽车、金融、高端旅行产品、数码产品等行业的国内外知名企业，普遍具有信誉良好、广告营销需求持久的特点，与公司建立了良好的、长期的合作关系。

公司依托报刊、航机设施媒体等多种媒体平台，向广告主提供优质的广告服务，最终客户范围（广告主）覆盖交通、金融、房地产、酒精类饮品、家电、通信、高端商旅服务等行业或领域。在现有优质广告主资源的基础上，公司销售团队结合不同行业发展变化情况与航机媒体定位，收集市场信息，不断挖掘和开发目标客户资源。

航机媒体资源经营的风险

航机媒体资源的经营价值与航空公司的机队规模、旅客运输量、航线地域分布等指标直接相关，目前航机媒体为公司拥有的最主要的媒体资源。2008 年 11 月 11 日，公司与南方航空签署《无形资产特许使用协议》，约定南方航空将其拥有的机上报刊发行渠道，以及机上闭路电视、客舱座椅头巾、小桌板等广告资源 18 年特许使用权提供给公司使用。

此外，公司还先后与贵州航空、重庆航空、厦门航空、珠海航空签订了媒体资源使用协议，约定贵州航空、重庆航空、厦门航空、珠海航空将各自拥有的广告媒体经营权委托给公司或其子公司经营。

1. 航机媒体经营业务占比较高的风险

2012 年度、2013 年度、2014 年度和 2015 年 1— 6 月，公司航机媒体资源经营业务收入占公司营业收入的比例分别为 87.61%、82.98%、77.92% 和 79.85%，占比较高。公司业务对航机媒体资源存在较大依赖。如若未来上述航机媒体资源的经营价值出现大幅波动，将对公司未来经营业绩的稳定性和利润水平构成不利影响。

2. 航机媒体资源获取可持续性的风险

公司拥有的航机媒体资源经营权期限较长，有利于保障公司盈利的稳定性和经营战略的实施，其中公司核心航机媒体资源的使用权期限截至 2026 年 3 月 30 日，且该协议履行完毕时，公司在同等条件下亦具有协议续约优先权。但是，倘若上述航机媒体使用权到期后，其续约价格（媒体资源采购成本）大幅高于预期，或者由于其他原因使公司与上述各方的合作受到影响，将对公司经营业绩产生较大不利影响。

小兵评析 ▶

从公开信息可以看出，发行人的主营业务是进行媒体运维服务，属于传媒广告行业中的出版传媒业，具体的经营模式也是通过采购媒体资源，再进行招标筛选广告主或者代理公司，进行设计、编纂出版物或者其他资源载体，最终送达目标受众群体。这类行业中，谁的手中资源最丰富，谁的牌照最齐全，就会产生滚雪球效应。如果企业资源库中的客户为大型知名企业，那么盈利将会是手到擒来的事情。但是，这类企业如果要进行上市融资，也要满足证监会所要求的各项条款，不只是保证盈利稳定，也需要合法合规。

发行人是一家由企业宣传部门成长起来的传媒公司，类似的竞争对手有中国航空传媒有限责任公司、东方航空传媒股份有限公司。相比之下，发行人的资产质量和财务数据都非常不错，但是最终发行人折戟 IPO，问题也是出在对大股东的依赖共生上。因为发行人在报告期内将大部分资金安排存放于南航财务，发审会的问询中要求发行人说明其财务独立性是否有保障。

虽然从发行人的层面来看，它拥有优质媒体资源的独家垄断权，但是站在审核机构的角度来看，这正说明了发行人对其大股东的高度依赖。发行人在风险因素中披露了公司航机媒体资源经营业务占收入的比例达到 87.61%。针对发行人与控股股东下属公司间的多项关联交易，监管机构要求保荐人与律师说明控股股东是否对发行人独立性产生不利影响，是否对控股股东产生重大依赖。

其实控制关联交易的规模只是表象，核心是要求拟发行企业保证其业务独立性不受影响，建立合适的隔离机制，防止股东侵害上市公司利益。发行人在招股说明书中披露，航机媒体资源的价值并没有市场统一的定价标准和参考价格，由于企业所处的市场并非完全竞争化市场，在交易定价方面难以界定是否公允。发行人主要业务均依赖于大股东的资源，而且定价方面无公允价值可比可查，在“共生关系”无法回避的情况下，又没能很好地解决“隔离”问题，独立性最终成为其 IPO 折戟的障碍。

四、经营现金流量

发行人的持续经营能力情况是 IPO 审核中长期以来最受关注的问题之一。在这个问题上证监会有很多条款用来分析拟上市公司是否存在影响企业持续盈利能力的因素，如发行人所处行业受到国家政策限制或国际贸易条件影响存在重大不利变化的风险，或者是发行人所处行业上下游供求关系发生重大变化导致原材料采购价格或产品售价出现重大不利变化等。

对于拟上市公司，尤其需要注意的是，若发行人多项财务数据和财务指标呈现恶化趋势，短期内没有好转迹象，也会被归于影响企业持续经营能力的因素。

广告行业的应收账款周期通常较长，企业通常会先向客户收取一定的保证金，等客户验收后再支付尾款，因此应收账款管理能力以及现金流稳定性极为重要。

案例 5　杭州致瑞传媒股份有限公司（未过会）发审会问询问题

请发行人：(1) 补充分析净利润与经营活动现金净流量的差异原因，并结合差异情况补充披露报告期内业绩增长的合理性、分析发行人的成长性；(2) 披露应收账款回款是否有周期性，补充披露该应收账款回款对经营活动产生的现金流量的影响；(3) 结合应收账款回款等情况，对管理层认为经营性现金流量充足的认定是否合理充分作出详细分析；(4) 将经营活动产生的现金流量净额占净利润的比例与同行业可比公司进行比较，分析差异原因。

附：公开披露信息

报告期内，公司经营活动现金流入和流出的具体情况如表 4－7 所示：

表 4－7　报告期内公司经营活动现金流入和流出情况

单位：万元

项目	2017 年 1—6 月	2016 年度	2015 年度	2014 年度
销售商品、提供劳务收到的现金	30,462.28	60,951.16	70,878.31	64,661.73
收到其他与经营活动有关的现金	275.48	443.81	1196.49	1497.67

续表

项目	2017年1—6月	2016年度	2015年度	2014年度
经营活动现金流入小计	30,737.76	61,394.97	72,074.80	66,159.40
购买商品、接受劳务支付的现金	33,224.08	52,918.44	62,073.24	62,081.12
支付给职工以及为职工支付的现金	880.64	1455.96	1013.47	732.59
支付的各项税费	1341.83	2159.58	4930.22	249.92
支付其他与经营活动有关的现金	882.00	1560.86	1920.15	2091.37
经营活动现金流出小计	36,328.55	58,094.84	69,937.08	65,155.00
经营活动产生的现金流量净额	-5590.79	3300.13	2137.72	1004.40

报告期内，公司经营活动产生的现金流量净额分别为1004.40万元、2137.72万元、3300.13万元和-5590.79万元，2014年至2016年经营活动现金流状况良好。2017年1—6月公司经营活动产生的现金流量净额为负数主要系本期公司购买商品、接受劳务支付的现金高于销售商品、提供劳务收到的现金所致。

报告期内，发行人的经营活动现金流量净额与净利润情况如表4-8所示：

表4-8 报告期内发行人的经营活动现金流量净额与净利润情况

单位：万元

项目	2017年1—6月	2016年度	2015年度	2014年度
经营活动现金流量净额	-5590.79	3300.13	2137.72	1004.40
净利润	1701.37	3742.23	3855.53	3678.72
差异	-7292.16	-442.10	-1717.81	-2674.32

发行人报告期内经营活动产生的现金流量均低于净利润。2014年发行人经营活动现金流量净额低于净利润，主要系2014年应收账款大幅增加，导致销售商品、提供劳务收到的现金较少所致。发行人对客户的信用政策一般为3个月信用期，2014年第四季度含税主营业务收入较2013年第四季度增加8445.27万元，应收账款2014年期末余额较上年年末增加7048.66万元，导致

销售商品、提供劳务收到的现金较少，导致2014年经营活动现金流量净额小于净利润。

2015年发行人经营活动现金流量净额低于净利润，主要系2015年发行人缴纳2014年及以前年度所得税3258.02万元，导致2015年支付的各项税费金额较多所致。剔除该税费因素，2015年经营活动现金流量净额为5395.74万元，较2015年净利润增加1540.21万元。

2016年经营活动现金流量净额略低于净利润，主要系公司2016年年末预付浙江卫视2017年广告投放额较2015年年末大幅增加，使购买商品、接受劳务支付的现金相应增加，从而2016年经营活动现金流量净额低于净利润。

2017年1—6月经营活动现金流量净额为负数，低于净利润，主要系公司2017年第二季度的含税主营业务收入较2016年第四季度增加14,097.84万元，相应应收账款2017年6月末余额较2016年年末增加11,808.20万元，导致销售商品、提供劳务收到的现金大幅下降，使得2017年1—6月经营活动现金流量净额低于净利润。

报告期末，公司应收账款和坏账准备基本情况如表4－9所示：

表4－9　报告期末公司应收账款和坏账准备基本情况

单位：万元

项目	2017年6月30日	2016年12月31日	2015年12月31日	2014年12月31日
应收账款余额	20,969.63	9161.43	11,377.50	11,972.00
减：坏账准备	1049.24	458.07	568.88	598.60
应收账款净额	19,920.39	8703.36	10,808.62	11,373.40
占流动资产比重	78.79%	50.05%	77.25%	59.15%

报告期各期末，公司应收账款账面价值分别为11,373.40万元、10,808.62万元、8703.36万元和19,920.39万元，占流动资产的比例分别为59.15%、77.25%、50.05%和78.79%。

小兵评析 ▶

企业发展的核心是通过主营业务将企业的规模持续扩大，而现金流对于企业来说就像是“一辆车的汽油”，只有油箱不缺油才可以驰骋天下。通过公开披露的信息可以看到，虽然发行人的净利润保持较为平稳的状态，但是其经营活动现金流并没有同幅度变化，反而出现了负数，发行人解释说这是因为企业的应收账款大幅增加导致确认收入量增大而现金增幅未跟上。

监管部门关注企业的持续经营能力，不仅仅关注其收入是否能够达标，更关注其在财务数据方面是否存在问题、是否存在持续恶化的情况。毕竟对于一个企业来说，净利润体现盈利的规模，而现金流则体现盈利的质量，且现金流才是企业的生命线。

第五章

工程施工行业 IPO 审核要点

Chapter 5

我们在《十大行业 IPO：审核要点与解决思路》中已经整理了技术服务行业相关 IPO 审核关注的要点，尽管不同的行业具有不同的行业特征和关注要点，但是不同行业的一些关注重点仍然是相通的。单纯从技术角度来说，工程施工行业和技术服务行业还是有很多相同之处的，尤其是在某些技术服务企业本身也是通过工程施工来提供服务的情况下。

我们将在本章介绍工程施工这个行业比较显著且具有独特性的一些特征，其中一些与技术服务类行业或者其他行业一致的关注要点，如完工百分比法收入确认、现金结算等问题，在工程施工行业中虽属于特别重要的问题，但由于我们在其他行业中已经有了详细论述，在本章中就只作简单提示。本章重点讨论工程施工行业的以下问题：应收账款、存货、经营现金流、工程暂停或者终止、劳务采购及分包、员工薪酬与社保公积金、招投标、资质要求。

一、应收账款

应收账款的问题在很多行业都会被重点关注，也是非常普遍的一个财务问题。这个问题在工程施工行业更加典型，也更加突出，我们就在这里作一个整体的论述。前面说过，关于具体技术操作和处理不是该专题关注的要点和目标，这里侧重于每个行业需要关注哪些方面，在这些方面又该关注哪些问题。

关于应收账款，重点关注的问题主要体现在：（1）应收账款占营业收入的比例，以及是否与营业收入变动趋势保持一致。（2）应收账款的账龄是否发生重大变化，账龄在一年一期的应收账款中占比是否增加，是否存在明显的大额的应收账款逾期情况。（3）应收账款的客户性质、信用情况、以前的回款情况、是否存在恶意拖欠的情况。（4）坏账准备计提比例与可比公司是否保持一致，是否审慎，是否存在需要单独进行减值测试并进行坏账准备计提的情形。（5）发行人是否通过诉讼或仲裁的方式大规模催收账款，以及是否存在通过债务重组的方式来加快应收账款的回收。这种情况下，发行人不仅可能收不回全部账款，还可能需要付出一定的诉讼成本，更重要的是，这种方式给了监管机构更大的一个预期判断，那就是发行人的账款回收存在重大的不确定性。（6）发行人是否存在通过自有资金、借贷资金先收回应收账款，然后期后再冲回的情形。这个问题是近期案例中重点关注的一个审核点，发行人可能为了降低应收账款期末余额，通过这样的方式进行账务处理，这也属于典型的粉饰财务报表的情形。

如果说营业收入代表了发行人实现收益的规模，那么应收账款就代表了收益的质量，或者说这个收益里面是不是有水分、大概有多少水分。如果一个企业的应收账款大幅增加，或者存在越来越多账款回收困难的情况，则发行人就算营业收入快速增加也是存在很大风险的。这也提醒我们在考量发行人业绩的时候，不仅要看规模，更要看质量（应收账款的金额和变动趋势）。

案例 1　中铝国际（代码：601068）发审会问询问题

报告期各期末，发行人应收款项账面价值分别为 951,538.68 万元、982,820.10 万元、1,316,532.06 万元、1,263,168.33 万元，其中逾期应收账款分别占比 14.04%、17.29%、15.11%、15.52%。此外，截至 2017 年 6 月 30 日，发行人共涉及未决诉讼 216 起，其中被起诉 132 起，诉讼金额 35,148.18 万元；发行人提起 84 宗诉讼，诉讼金额 382,815.85 万元，发行人涉及诉讼的应收款项余额为 190,858.44 万元，已计提坏账准备余额 33,977.01 万元。

请发行人代表说明：（1）逾期应收款后续回款情况，是否存在对单项金额较大的逾期应收款未及时计提减值的情形；（2）上述诉讼对发行人的业绩和持续经营是否产生重大不利影响，对涉诉应收款项的坏账准备计提是否充分。请保荐代表人发表明确核查意见。

小兵评析 ▶

这个案例主要讨论的是应收账款逾期的问题。在操作实践中确实存在很多超过信用周期的情况，这并不代表客户经营有问题，也不代表账款一定收不回来，只是有时候回款并不会严格按照信用周期。只要逾期的时间不是很久，且后续的应收账款还能够按照一定的规律稳定回款，就不是实质性的障碍。

当然，应收账款还有一种情况，那就是经过多次催收并且逾期超过了一年，这时候回款可能就会存在实质性的风险了。回款的障碍可能是下游客户经营不善，也有可能是发行人对客户的控制力下降，合作关系存在重大变化，以及存在相关的纠纷或者争议等。不管怎样，这种情况下应收账款的逾期都应该受到重点关注，不只关注坏账计提是否审慎，更要关注这样的情形是否会持续恶化下去，是否影响到发行人的持续经营能力。

案例2 上海广联环境岩土工程股份有限公司（未过会）发审会问询问题

报告期内，发行人建造合同的应收账款确认时点、金额和收入确认时点、金额一致，与同行业可比上市公司采用的方法存在差异；账龄分析法坏账准备计提比例明显低于同行业水平，影响金额较大。此外，报告期内，发行人单个项目不同期间毛利率波动较大。

请发行人代表说明：（1）坏账准备的计提是否充分、谨慎、合理，是否符合公司经营的实际情况；（2）相关的会计处理是否真实、准确，是否符合企业会计准则的相关规定，相关的内部控制制度是否健全并有效执行。请保荐代表人说明核查方法、过程及依据并发表核查意见。

附：公开披露信息

1. 合同收入与合同成本的确认原则

在建造合同的结果能够可靠估计的情况下，于资产负债表日按照完工百分比法确认合同收入和合同费用。在资产负债表日，应当按照合同总收入乘以完工进度扣除以前会计期间累计已确认收入后的金额，确认为当期合同收入；同时，按照合同预计总成本乘以完工进度扣除以前会计期间累计已确认费用后的金额，确认为当期合同费用。

2. 合同预计损失的确认标准和计提方法

对建造合同进行全面检查，当存在合同预计总成本将超过合同预计总收入时，按该合同预计总成本超过合同预计总收入的差额计提预计损失，本公司将预计损失确认为当期费用。

3. 地下水综合治理及地下工程业务收入核算过程、收入确认时点及相关依据及外部凭证

(1) 地下水综合治理

地下水综合治理一般情况下分成井、运行两个阶段。

①成井阶段收入确认

实际完工量：通过客户确认的工作量确认单所确认的成井工作量；

预计总工作量：合同预计总成井工作量；

确认时点：经客户确认的工作量确认单的签署日。

外部凭证：为公司工程现场负责人签字并加盖公司公章、客户的工程现场负责人签字或加盖客户工程项目专用章后确认的工作量确认单。该确认单内容一般包含工程名称、施工期间、客户名称、施工单位（公司）名称、工作量具体内容等信息；确认单名称根据项目不同，一般称为“签证单”“工作量确认单”“施工业务联系单”等。

公司确认完工进度的方法为：根据经客户确认的工作量确认单所确认的成井工作量占预计总成井工作量的比例确定。

对于当期已完工且已办理决算的工程项目，按决算收入减去以前会计年度

累计已确认的收入后的金额确认当期营业收入。

对于在建或当期已完工尚未办理决算的工程项目，按累计确认的收入减去以前会计年度累计已确认的收入后的差额作为当期收入。

②运行阶段收入确认

成井后的运行期每个月工作量均等，因此运行期每月的工作量按照运行期总工作量除以运行月份数来计算并经客户确认。

(2) 地下工程收入确认过程

实际完工量：通过客户确认的工作量确认单所确认的工作量；

预计总工作量：合同预计总工作量；

确认时点：经客户确认的工作量确认单的签署日；

外部凭证：为公司工程现场负责人签字并加盖公章、客户的工程现场负责人签字或加盖客户工程项目专用章后确认的工作量确认单。该确认单内容一般包含工程名称、施工期间、客户名称、施工单位（公司）名称、工作量具体内容等信息；确认单名称根据项目不同，一般称为“有效施做工程量验收单”“工作量确认单”“已完成工程数量验收单”等。

公司确认完工进度的方法为：根据经监理或客户确认的工程量确认单所确认的工作量占预计总工作量的比例确定。

对于当期已完工且已办理决算的工程项目，按决算收入减去以前会计年度累计已确认的收入后的金额确认当期营业收入。

对于在建或当期已完工尚未办理决算的工程项目，按累计确认的收入减去以前会计年度累计已确认的收入后的差额作为当期收入。

小兵评析 ▶

这个案例质疑的首先是应收账款和收入确认时点不一致，其次是与同行业可比公司存在差异。发行人在招股说明书中详细披露了关于完工百分比法收入确认的具体规则、完工进度的具体确认方式以及外部证据的获取情况，显然审核过程中监管机构对于发行人收入确认的方式还是异常关注的。从另一个角度来说，实践中工程类公司采用完工百分比法确认收入也确实是最容易操纵收入和利润的。

关于坏账准备的计提比例和金额，监管机构认为明显低于同行业水平，影响金额很大。不过从小兵的角度来看，发行人的坏账计提政策并不是说“独树一帜”，基本上还是跟行业平均水平保持一致，就算不审慎也不算太过激进，为什么对这个问题那么关注？通俗地说，还是因为发行人的净利润规模太小了。试想一下，发行人有接近 4 亿元的应收账款，如果坏账计提比例上下浮动一个百分点，那么 400 万元的净利润就没有了。

二、存货

对于工程类企业来说，建造合同形成的已完工未结算的资产确实是最大的一部分存货，造价高再加上这类工程结算的周期非常长，因而一般情况下存货的金额都比较大。当然，如此金额巨大的存货对发行人经营业绩的影响还是很大的，一方面是对经营现金流的影响（压了那么多钱，做工程还没有回头钱），另一方面表现在如果要计提存货跌价准备，将是个不小的数目（如 5 亿元的 10% 就是 5000 万元）。除此之外，这里的存货也可能成为业绩调节的一个蓄水池（如果业绩好就晚点结算，不好就抓紧结算）。

根据最新的审核政策，只要是已经完工的工程，不论是否结算都应该确认收入形成应收账款，不应该再在存货里核算。这样的规定一方面杜绝了通过存货调节收入确认节奏的可能，另一方面要求企业通过应收账款准备计提坏账准备，真实反映业绩。

案例 3　时空科技（代码：605178）2018 年上会被否发审会问询问题

报告期各期末，发行人存货主要以建造合同形成的已完工未结算资产为主，存货净额逐年上升，发行人并未计提存货跌价准备。报告期内，发行人应收账款逐年上升。

请发行人代表说明：(1) 存货净额大幅上升的原因及合理性，未计提存货跌价准备的原因及合理性；(2) 应收账款增长较快的原因和合理性；(3) 发行人信用政策和主要客户信用期是否存在变更，是否存在通过放宽信用政策增加业务收入的情况；(4) 各期逾期应收账款回收是否存在异常，坏账准备计提是否审慎、充分。请保荐代表人说明核查过程、依据及明确核查意见。

附：公开披露信息

2015 年年末、2016 年年末和 2017 年年末，公司存货净额分别为 8348.34 万元、12,043.64 万元和 27,166.45 万元，存货占总资产的比例分别为 28.94%、22.95% 和 30.31%。报告期内，存货主要由原材料、库存商品及建造合同形成的已完工未结算资产构成，详细内容如表 5－1 所示：

表 5－1　报告期内存货具体情况

单位：万元

业务类别	2017 年 12 月 31 日		2016 年 12 月 31 日		2015 年 12 月 31 日	
	金额	比例（%）	金额	比例（%）	金额	比例（%）
原材料	225.33	0.83	97.75	0.81	501.86	6.01
库存商品	—	—	—	—	—	—
建造合同形成的已完工未结算资产	26,941.12	99.17	11,945.90	99.19	7846.49	93.99
合计	27,166.45	100.00	12,043.64	100.00	8348.34	100.00

报告期内，公司存货主要以建造合同形成的已完工未结算资产为主，主要是因为报告期内公司工程施工项目不断增加，期末未结算的工程价款持续增长。

小兵评析 ▶

对于工程施工类企业来说，存货金额一般非常大，而存货构成大多是已完工未结算的工程，其他存货几乎可以忽略不计。比如本案例，原材料存货占比不足1%，而库存商品完全没有。前面已经提到了在完工未结算工程金额很大的情况下，自然要重点关注工程的明细、完工的依据、投入金额的核算以及没有结算的原因，后续阶段的进展以及收入确认的情况等。在这种情况下，审核机构的意思是，需要及时进行结算，不能简单以没有验收为由而不进行收入确认，对于收入确认的时间点更需要有足够的敏感性，做好充足的截止性测试。

三、经营现金流

关于现金流，几个很关键的要点有必要跟大家先简单交代一下：（1）现金流是企业的血液，是企业健康发展的重要保证，也是核查企业经营是否健康稳健的重要依据；（2）现金流是一个综合性的结论性指标，是诸多因素影响的结果，包括行业政策、行业地位、竞争环境、行业惯例、上下游关系等诸多方面，因而不同行业的企业现金流存在重大差异是合理的也是现实的；（3）现金流是一个循环性的流转性指标，因而发行人最近一两年现金流持续为负，并不代表发行人存在现金流断裂的风险，实践中报告期现金流持续为负通过审核的情况也是存在的；（4）现金流是一个不会说谎的指标，因为真金白银不管怎样都是需要真实存在并且合理流转的。

对于工程施工类企业来说，现金流问题可能会更加明显，主要体现在：（1）工程施工一般合同金额都非常大，在工程前期一般根据客户要求需要垫付金额较大的资金；（2）工程验收以及回款的审批流程较长，决策程序复杂，这会导致回款比较慢，造成资金流转困难；（3）根据一些工程方的要求，在工程开工之前发行人可能需要提前进行备货和工程的准备，这也会提前透支发行人的资金。上述三个典型因素，可能会导致工程施工类企业的报告期内经营现金流不一定很充裕，甚至存在长期为负的情况。

案例 4　上海广联环境岩土工程股份有限公司（未过会）发审会问询问题

报告期内，发行人2016年主营业务收入较2014年和2015年下滑，2016年管理费用中咨询服务费显著低于以前年度，职工薪酬发生额较2015年度下降。同时，报告期内发行人应收账款余额较大且持续增长，2017年6月末余额占资产总额的比例达66%。报告期应收账款周转率逐年下降，各期经营活动现金流量净额显著低于净利润水平且2017年1—6月下降明显，直接与业主签订的业务合同数量持续下降，占整体合同的占比也逐年下降。

请发行人代表说明未来的持续盈利能力是否存在重大不确定性。请保荐代表人说明核查方法、过程及依据并发表核查意见。

附：公开披露信息

1. 报告期内发行人管理费用的具体情况

报告期内，发行人管理费用的具体情况如表5-2所示：

2. 应收账款余额较大的风险

报告期内，发行人应收账款余额较大，2014年年末、2015年年末、2016年年末以及2017年6月末公司应收账款余额分别为28,256.88万元、36,061.32万元、37,872.57万元和37,094.60万元，占当期营业收入的比例分别为86.72%、104.35%、119.90%、232.44%。公司应收账款余额主要由未收回的工程款构成，应收账款年末余额较大主要是由公司承接的项目分期结算、客户付款审批流程较长所致。随着公司业务规模的增长，应收账款余额仍可能继续保持较高水平。如果公司应收账款大幅上升，客户出现财务状况恶化或无法按期付款的情况，将使公司面临坏账损失的风险。

3. 经营性现金流量净额较低或为负数的风险

2014年度、2015年度、2016年度以及2017年1—6月，公司经营活动产生的现金流量净额分别为1479.17万元、-43.34万元、1553.99万元和-1640.69万元。公司经营活动产生的现金流量净额较低或为负数，主要是由

表 5-2　报告期内发行管理费用的具体情况

单位：万元

项目	2017 年 1—6 月		2016 年度		2015 年度		2014 年度	
	金额	占比	金额	占比	金额	占比	金额	占比
职工薪酬	1474.87	55.55%	2657.35	55.27%	2777.45	52.82%	2234.58	51.77%
办公费	25.87	0.97%	96.77	2.01%	176.77	3.36%	55.19	1.28%
折旧费	110.27	4.15%	284.81	5.92%	177.13	3.37%	89.17	2.07%
交通差旅费	40.50	1.53%	68.34	1.42%	63.89	1.22%	65.55	1.52%
车运费	58.67	2.21%	107.96	2.25%	120.87	2.30%	108.33	2.51%
修理费	3.05	0.12%	6.22	0.13%	36.81	0.70%	5.84	0.14%
水电费	37.48	1.41%	70.45	1.47%	51.44	0.98%	2.79	0.06%
租赁费	7.29	0.27%	37.75	0.79%	48.34	0.92%	16.37	0.38%
业务费	46.24	1.74%	169.30	3.52%	170.07	3.23%	99.40	2.30%
咨询服务费	20.91	0.79%	34.41	0.72%	206.98	3.94%	125.75	2.91%
税金	—	—	0.74	0.02%	88.09	1.68%	10.06	0.23%
无形资产摊销	12.06	0.45%	24.12	0.50%	20.82	0.40%	20.82	0.48%
研究开发费	773.28	29.12%	1083.62	22.54%	1122.49	21.35%	1399.18	32.41%
低值易耗品	3.66	0.14%	8.41	0.17%	14.07	0.27%	17.24	0.40%
通信费	7.39	0.28%	14.91	0.31%	17.58	0.33%	13.97	0.32%
其他	33.56	1.26%	143.08	2.98%	165.14	3.14%	52.25	1.21%
合计	2655.08	100.00%	4808.25	100.00%	5257.93	100.00%	4316.49	100.00%

公司项目开工较多所致。工程施工行业在项目实施各环节需占用较多的资金，用于支付投标保证金、履约保证金、铺底流动资金等款项。随着公司未来业务规模的扩大，公司客户数量增多，如因客户财务状况等原因而导致未能按合同约定及时付款，将加大发行人经营活动现金流量的改善难度。

小兵评析 ▶

这个问题通俗地说就是从不同的角度来论述发行人是否具备持续盈利能力的问题，问题和套路都是我们司空见惯的。不过对于发行人如此明显的净利润规模，态度是非常明确的。为什么发行人 2016 年收入下降了而净利润却增加了？因为员工薪酬和管理费用降低了，其实降低的并不是很多，只是企业净利润太少！为什么发行人的应收账款余额和占比大幅增加？其实对于发行人这个行业来说变动趋势也还可以接受，只是业绩规模太小！发行人的行业基本上是先干活后收钱甚至要压款，现金流紧张有商业合理性，只能说发行人净利润规模小，所以现金流也成了重点问题。因为发行人净利润规模小，任何一个角度都可以影响发行人的业绩，并且让发行人无从反驳。

四、工程暂停或者终止

在实践中，工程施工类企业还会面临一个问题：正在进行的工程暂停施工或者无限期推延工期。从收入确认和会计处理的角度来说，这种情况下对发行人的直接影响就是：是否还能够依据完工百分比的进度确认收入，还是应该将以前确认的收入全部冲回？实践中，这两种处理方式都有，当然也都有其合理的理由。

从商业逻辑的角度来说，最终的影响是判断这些客户项目暂停或终止的原因是什么，是客观因素还是主观战略，是临时项目调整还是后续继续开工的可能性不大。对这些因素的判断，将会影响对发行人与这些客户的合作是否持续的判断，最终影响对发行人持续经营能力的判断。

案例 5 筑博设计（代码：300564）发审会问询问题

报告期内，发行人中止、终止等变更的业务合同金额较大。

请发行人代表说明：（1）发行人针对中止、终止合同管理，收入确认，会计核算等方面的相关内控制度是否已建立并有效执行；（2）报告期各期发生的中止、终止等合同变更的合同金额占当期新增合同金额的比例及其变化情况，中止、终止项目在合同不同阶段的分布情况；（3）发行人中止、终止项目各期累计确认的收入是否均经客户确认，截至目前实际的收款情况，中止、终止合同确认收入而不存在退款风险的认定依据，是否存在金额争议或纠纷，合同中约定的自我保护条款实际执行情况，是否实质上有效；（4）中止和终止项目区分标准，报告期各期中止项目继续履行情况，应收账款后续回款情况，相关收入确认、成本核算的会计处理是否符合企业会计准则相关规定。请保荐代表人说明核查依据、过程并发表明确核查意见。

小兵评析 ▶

在正常的商业合作中，除非到了万不得已的情况，合同不会出现中止甚至终止的情况。如果偶尔出现合同暂停或异常情况还可以理解，但是如果大规模的合同出现问题，那么只能判断发行人所处行业（具体指下游行业）出现了重大不利变化，尤其是这样的趋势短期内很难逆转的时候。

根据披露的相关信息，发行人与客户合同中止或者终止之后的后续安排并没有明确的约定。如果合同中止或终止后客户支付的定金不予退还符合商业逻辑，那么发行人前期进行的设计工作还要根据完工进度进行收入确认就有点“无源之水”的意味了。既然客户已经终止合同，基本上后续也不会有价款支付了，而发行人却因此确认了收入，这样的收入确认显然不够审慎。虽然发行人收入确认之后可以通过诉讼程序逐一向客户催收账款，但这显然是不现实的。

五、其他需要关注的要点

（一）劳务采购及分包

工程类企业施工过程中会存在使用农民工的情形，包括分包方可能也存在很多核算不规范的情形，综合起来导致发行人在财务核算（尤其是成本核算）以及税收规范等方面存在比较大的障碍。此外，工程施工很可能存在分包以及转包的情形。

做工程的企业要将部分业务进行分包是行业惯例，要不然可能业务很难开展下去，或者说根本就无法与同行业企业竞争。劳务分包有两个前提是必须注意的：一是分包的企业具有分包的资格；二是接受分包的企业有经营的资质。一般情况下，发行人都是具备分包的资格的，但是实践中也确实经常存在接受分包单位不具备资质的情形，这种情况下是否会认为属于发行人存在无资质经营的问题是需要重点去关注的。毕竟，在目前的审核情况下，无资质经营的问题还是一个很难突破的 IPO 障碍。

案例 6　时空科技（代码：605178）2018 年上会被否发审会问询问题

报告期发行人存在向无劳务分包资质单位采购劳务的情形，2015 年前 10 名劳务分包单位中，向无劳务分包资质单位的采购金额占比为 50. 84%。报告期发行人项目分布各地，但主要劳务分包商为北京企业。

请发行人代表说明：(1) 发行人项目分布在各地，但主要劳务分包商为北京企业的原因及合理性，是否存在实为自身员工而由劳务分包企业代为开票的情况，该等北京的劳务分包商与发行人及其关联方是否存在关联关系；(2) 劳务分包是否存在行政处罚风险，该等情形是否构成发行人本次发行上市的法律障碍。请保荐代表人说明核查过程、依据及明确核查意见。

附：公开披露信息

报告期内前 5 名劳务分包单位及其资质如表 5-3 所示：

表 5-3 报告期内前 5 名劳务分包单位及其资质

报告期	序号	供应商名称	采购金额（万元）	占劳务成本比例（%）	施工劳务资质	对发行人的营业收入占其当期营业收入总额的比例（%）	是否主要为发行人提供服务
2017 年	1	北京广泰鸿昊建筑工程有限公司	3066.29	21.36	水暖电安装作业分包不分等级	约 12.00	否
		北京广泰鸿宇建设工程有限公司	1247.25	8.69	施工劳务不分等级；地基基础工程专业承包三级；钢结构工程专业承包三级；环保工程专业承包三级；机电工程施工总承包三级；建筑工程施工总承包三级；建筑机电安装工程专业承包三级；市政公用工程施工总承包三级	约 16.00	否
	2	中冶国泰（北京）建设工程有限公司	2823.71	19.67	水暖电安装作业劳务分包不分等级	约 8.00	否
	3	北京豫龙天成建筑工程有限公司	1657.28	11.54	混凝土作业分包不分等级	约 2.85	否
	4	济南永基安装有限公司	1071.25	7.45	水电暖安装，消防器材、空调的安装，焊接作业	约 30	否
	5	北京广泰京安建筑工程有限公司	1009.76	7.03	专业承包；劳务分包	约 1.3	否
	小计		10,875.64	75.75			

续表

报告期	序号	供应商名称	采购金额（万元）	占劳务成本比例（%）	施工劳务资质	对发行人的营业收入占其当期营业收入总额的比例（%）	是否主要为发行人提供服务
2016年	1	北京市国泰恒基建筑劳务分包有限公司	1862.23	24.56	水暖电安装作业分包不分等级	约3.92	否
	2	北京广泰鸿昊建筑工程有限公司	1411.37	18.61	水暖电安装作业分包不分等级	约37.10	否
	3	中冶国泰（北京）建设工程有限公司	1326.29	17.49	水暖电安装作业分包不分等级	约7.00	否
	4	北京市国泰鑫盛建筑工程有限公司	860.65	11.35	水暖电安装作业分包不分等级	约1.61	否
	5	北京豫龙天成建筑工程有限公司	489.78	6.46	混凝土作业分包不分等级	约1.69	否
	小计		5950.32	78.47			
2015年	1	上海群才投资管理有限公司	1469.02	24.67	无	约20.00	否
	2	北京市国泰恒基建筑劳务分包有限公司	1353.14	22.72	水暖电安装作业分包不分等级	约5.19	否
	3	济南龙腾人力资源管理有限公司	596.12	10.01	无	约26.00	
	4	北京广泰鸿昊建筑工程有限公司	494.58	8.3	水暖电安装作业分包不分等级	约9.00	否
	5	江西省博豪电力工程建设有限责任公司	286.12	4.8	无	约31.29	否
	小计		4198.98	70.50			

注：（1）根据北京广泰鸿昊建筑工程有限公司、北京广泰鸿宇建设工程有限公司的工商资料显示，北京广泰鸿昊建筑工程有限公司、北京广泰鸿宇建设工程有限公司的第一大股东均为武小俊。因此其与新时空发生的劳务费用合并计算。（2）对发行人的营业收入占其当期营业收入总额的比例系根据劳务分包单位出具的确认函或提供的财务报表数据计算得出。

小兵评析 ▶

从某种意义上来讲，发行人的分包商有点类似于经销商，发行人将业务分包给第三方，基本上业务关系以及风险报酬也进行了转移，理论上与发行人就没有太大的关系了。但是，换一个角度来说，如果分包商资质存在瑕疵、财务核算极其不规范，那么发行人为什么要与这样的分包商合作而不是与合规的分包商进行合作呢？是否存在业绩调节或者利益输送的情形？是否存在其他不规范的问题呢？如果对于发行人没有什么好处，那么为什么有好的合作方不选择而选择不合规的呢？

具体到本案例的发行人，其向无分包资质的企业采购的金额超过 50%，不论从哪个角度来讲都算是比较严重的规范性问题。不仅如此，这个问题还关系到业务合作是否合理：为什么发行人有如此高金额的分包没有资质？为什么项目遍布全国各地而分包商却只在北京呢？这样对于发行人的业务开展是否最有效呢？因而，本问询问题关注到了最终极的一个问题，那就是这些分包商是不是只是帮助发行人进行开票从而规范相关财务处理的马甲而已，从而从另外一个层面掩盖了企业的合规经营和财务规范问题。

发行人 2018 年上会失败后，2019 年再次申请上市时，该问题仍然受到监管机构的高度关注，具体反馈意见如下：

招股说明书披露，公司将安装劳务分包给其他企业，且安装劳务成本占比较高。请发行人补充披露：（1）报告期内是否存在挂靠经营、转包、再分包等情形，如存在，请补充披露相关业务流程、合同主要条款、质量控制措施等具体情况；（2）主要劳务供应商的基本情况，是否具备相关的资质，与发行人及其股东、董事、监事及高级管理人员是否存在关联关系或其他利害关系，是否仅为或主要为发行人提供服务；选择劳务分包商的程序，是否履行相关程序，如何确定价格，是否公允；（3）是否存在向不具备资质的劳务供应商采购劳务的情形，劳务采购过程是否存在重大违法违规行为，是否存在纠纷或潜在纠纷，是否可能导致发行人违约等法律风险；（4）发行人及关联方是否存在以其他方式向劳务公司或其技工人员进行体外支付的情形，发行人向劳务公司的采购价格是否符合市场行情；（5）劳务供应商施工过程是否曾发生安全事故或其他责任事故，事故责任的分配方式和后续处理情况；发行人与劳务供应商及其员工是否存在法律纠纷，如发行人在项目上发生安全生产、施工质量纠纷，发行人、劳务供应商的责任分担原则及纠纷解决机制；（6）劳务采购相关内部控制制度建立健全及其有效执行情况，自主提供劳务抑或对外采购的决策依据，劳务采购是否存在隐性关联交易情况；（7）安装劳务分包是否属于行业普遍行为，劳务分包情况下如何控制成本；非固定劳务成员是否会影响工程项目质量，如何保障工程质量，有哪些保障工程质量的机制和方式方法；（8）是否存在劳务分包商所在地与项目实施区域不匹配的情况，如有请说明原因并说明相关安排的合理性；（9）是否存在实为自身员工而由劳务分包企业代为开票的情况，如有且占比多数，是否违法违规，是否对本次发行上市构成障碍。请保荐机构、发行人律师核查并发表明确意见。

案例 7　上海广联环境岩土工程股份有限公司（未过会）发审会问询问题

发行人于 2015 年 12 月将原子公司上海申帆股权转让给 6 名前员工，转让后发行人仍持续向上海申帆采购劳务，2016 年以来上海申帆为公司前五大劳务供应商之一，且 2017 年 1—6 月为公司第一大劳务供应商。2016 年 9 月发行人将子公司天津申佳的股权转让给前五大供应商天津建勘的股东，转让后未与其发生业务往来，2014—2016 年度，天津建勘一直是占发行人采购劳务比例达 20% 以上的主要供应商，发行人业务占天津建勘 2014—2016 年度业务收入 90% 以上。此外，报告期内发行人多家主要供应商均于设立初期即承接发行人于当期或近期承接的相关业务。

请发行人代表说明：（1）转让上海申帆及天津申佳股权的原因，是否存在除股权转让协议以外的补充协议或安排，相关信息披露是否真实、准确、完整；（2）2017 年 1—6 月，发行人向天津建勘的采购金额及占比急剧下降，天津建勘向发行人销售占整体收入的比例也急剧下降的原因及合理性；（3）多家供应商于设立初期即承接发行人业务的原因及合理性。请保荐代表人说明核查方法、过程及依据并发表核查意见。

附：公开披露信息

发行人所处的环境岩土工程行业具有劳务用工较多的行业特征，施工单位项目施工量在不同时点变化较大；同时，因承接项目的数量和类型的不同，施工单位对施工人员的需求也具有不确定性，而且很多项目是在外地开展。因而，施工单位一般配备关键岗位和常用岗位人员，对其他辅助性和非核心业务劳务采用劳务分包方式解决。

2014 年度、2015 年度、2016 年度以及 2017 年 1—6 月，发行人劳务分包采购金额分别为 13,200. 61 万元、12,082. 56 万元、13,319. 58 万元和6877. 85 万元，占采购总额的比例分别为 53. 03%、52. 78%、59. 51% 和 59. 35%，劳务分包采购金额及占比维持在较高水平。

小兵评析 ▶

发行人作为一个工程施工类企业，主要的采购和成本就是劳务。劳务成本确实占了发行人营业成本很大的一个比例，而这个成本本身在核算方面存在一些天然的障碍，如人员的工时管理、不同项目人工的分配、员工薪酬的对比差异等。这里要跟大家探讨的是发行人对于供应商的一些处理是不是符合基本的商业逻辑，不论是关联方的处理还是重要供应商或者客户的处理，一定要以满足基本的合理性为前提，也就是符合基本的常识、常理和常态。不然，我们就会怀疑处理的真实性，进而怀疑发行人生产经营和财务数据的真实性。

在该问题中，发行人关注的要点主要体现在：（1）发行人在 2015 年 12 月（报告期内）将子公司转让给发行人前 6 名员工，并且这个子公司 2016 年是发行人前五大供应商，而到了 2017 年直接成为第一大供应商。尽管从规则上来讲这样的处理不会造成关联交易，但是这样的转让不论是从 IPO 审核的基本要求还是从基本的商业合作逻辑上来讲，都很难说清楚。（2）发行人 2016 年 9 月将另外一个子公司的股权转让给了发行人的一个供应商的股东，2014 年和 2015 年发行人与这个子公司的合作金额还非常大，转让后与这个子公司就不再发生交易了。为什么交易自股权转让之后就瞬间停止了呢？这就是属于典型的“断崖式关联交易解决方式”，在商业实践中其实也是很难实现的，除非有其他的一些约定。（3）发行人有一些供应商自成立就与其进行合作，对于这种情况，其实实践中还是有很多理由可以解释的，比如以前是个人合作后来设立了法人，同一控制下两个公司换了合作主体等。不过由于发行人对前面两个典型供应商的问题处理得实在很难让人相信，这个问题也就凸显出来了。

（二）员工薪酬与社保公积金

工程施工类企业很重要的一个特点就是员工众多，且很多属于低收入人群。对员工薪酬和社保问题的关注，主要体现在以下几个方面：（1）如果完全按照相关规定完善社保和公积金后，将会对发行人经营业绩产生的影响。这不仅体现财务数据的真实合理性，而且影响到估值。（2）发行人员工薪酬与同行业相比是否存在重大差异，是否存在体外垫付费用的情形，是否存在通过员工薪酬粉饰业绩的情形等。（3）员工薪酬和社保问题都是体现一个企业社会责任和价值的问题，对于一个即将成为公众公司的企业来说，这样的责任理应是要承担的。

案例 8　浙江绩丰岩土技术股份有限公司（未过会）发审会问询问题

请发行人代表进一步说明：报告期内，发行人员工平均薪酬呈现下降趋势的原因，是否存在压低薪酬支出调节利润的情形。请保荐代表人发表核查意见。

附：公开披露信息

1. 发行人员工薪酬的具体情况

(1) 发行人员工薪酬总额情况

报告期内，发行人分普通、中层、高层三个层次的员工薪酬总额如表5－4所示：

表5－4 报告期内三个层次员工薪酬总额

单位：万元

项目	2016年度	2015年度	2014年度
高层员工	229.13	250.60	252.40
中层员工	265.03	250.34	234.20
普通员工	1270.22	1004.52	954.45
合计	1764.38	1505.46	1441.05

(2) 发行人员工平均薪酬及其增长情况

报告期内，发行人员工平均薪酬及其增长情况如表5－5所示：

表5－5 报告期内发行人员工平均薪酬及其增长情况

单位：元

<table>
<tr><th rowspan="2">项目</th><th colspan="2">2016年度</th><th colspan="2">2015年度</th><th rowspan="2">2014年度人均月薪</th></tr>
<tr><th>月均薪酬</th><th>变动比例</th><th>月均薪酬</th><th>变动比例</th></tr>
<tr><td>高层员工</td><td>27,277.00</td><td>17.56%</td><td>23,203.57</td><td>21.35%</td><td>19,121.07</td></tr>
<tr><td>中层员工</td><td>10,517.16</td><td>0.83%</td><td>10,430.88</td><td>1.55%</td><td>10,272.04</td></tr>
<tr><td>普通员工</td><td>4725.53</td><td>9.52%</td><td>4314.96</td><td>－14.28%</td><td>5034.02</td></tr>
<tr><td>人均薪酬</td><td>5834.6</td><td>3.71%</td><td>5625.80</td><td>－11.93%</td><td>6387.64</td></tr>
</table>

注：人均薪酬＝员工所属层级薪酬总额/该层级员工年末人数。

如上，2014年度、2015年度、2016年度，发行人高层员工的平均薪酬分别为19,121.07元/月、23,203.57元/月、27,277元/月，持续增加，2015年度、2016年度增幅分别为21.35%、17.56%。

2014年度、2015年度、2016年度，发行人中层员工的平均薪酬分别为

10,272.04元/月、10,430.88元/月、10,517.16元/月，稳中有升，2015年度、2016年度增幅分别为1.55%、0.83%。

2014年度、2015年度、2016年度，发行人普通员工的平均薪酬分别为5034.02元/月、4314.96元/月、4725.53元/月，其中，2015年度普通员工的平均薪酬较2014年度下降幅度为14.28%，主要原因是：

（1）岩坛信息于2015年6月对外转让，转让前，由于该公司主要从事网站开发、运营与维护，普通从业人员的专业程度较高、所要求薪资相对较高，从而使公司2014年度普通员工的平均薪酬较高；

（2）2014年度，发行人普通员工人数变化不大，均在190人左右波动，2015年度，发行人普通员工人数大幅增加，从年初的190人左右升至年末的220多人，从而使按照年末人数计算的平均薪酬有所下降。

2. 发行人薪酬水平与同行业上市公司比较情况

报告期内，发行人员工平均薪酬与同行业上市公司对比情况如表5－6所示：

表5－6　报告期内发行人员工平均薪酬与同行业上市公司对比情况

单位：元/月

公司名称	2016年度	2015年度	2014年度
中化岩土（002542）	—	8127.08	5822.02
上海城地（603887）	7554.06	6891.37	6250.86
普邦园林（002663）	9056.42	8992.00	8356.19
东南网架（002135）	6038.22	5915.87	5317.97
发行人平均薪酬	5834.60	5890.96	7595.98

注：平均薪酬按照可比上市公司各年报“应付职工薪酬”本年增加额，除以各年度年末员工人数估算。

如上所述，与同行业可比上市公司相比较，发行人平均薪酬与东南网架较为接近，但低于普邦园林、上海城地等。

3. 发行人薪酬水平与当地企业比较情况

报告期内，发行人员工平均薪酬与当地企业对比情况如表5－7所示：

表 5-7 报告期内发行人员工平均薪酬与当地企业对比情况

单位：元

公司名称	2016 年度	2015 年度	2014 年度
发行人员工月平均薪酬	5834.60	5890.96	7595.98
杭州市员工月平均工资	—	4659.00	4287.42
浙江省员工月平均工资	—	4309.92	4031.00

注 1："杭州市员工月平均工资"数据来源：杭州市人力资源和社会保障局《关于发布 2014 年杭州市区全社会在岗职工年平均工资的通知》（杭人社发〔2015〕167 号）、《关于发布 2015 年杭州市区全社会在岗职工年平均工资的通知》（杭人社发〔2016〕186 号），2016 年尚未发布。

注 2："浙江省员工月平均工资"数据来源：浙江省人力资源和社会保障厅《关于发布 2014 年全省在岗职工年平均工资的通知》（浙人社发〔2015〕62 号）、《关于发布 2015 年全省在岗职工年平均工资的通知》（浙人社发〔2016〕49 号），2016 年尚未发布。

如上，发行人的平均薪酬高于当地企业平均水平。

小兵评析 ▶

在小兵研究的案例范围里，这个案例应该是对员工薪酬水平关注较严格的一个案例。通过招股说明书披露的信息来看，发行人在监管机构要求之下，对员工薪酬政策、奖金政策以及薪酬水平对比内容进行了详细的披露。

其实，从发行人披露的信息来看，我们并不能直接判断出发行人的员工薪酬水平与同行业可比公司和当地企业相比有太大的差异，人均每月 4000 多元的薪酬水平基本上也说得过去。审核机构对这个问题的重点关注可能还是因为其对公司内控规范程度的担忧，当然我们可以通过这个案例借鉴学习关于职工薪酬以及社保公积金的处理。

（三）招投标

工程类企业业务取得方式比较特殊，一般都需要与政府部门以及相关部门进行谈判，因此 IPO 审核中会重点关注业务取得是否履行了招投标程序，以及业务取得过程中是否存在违法违规行为等。

案例 9　时空科技（代码：605178）2018 年上会被否发审会问询问题

报告期发行人存在应履行而未履行招投标程序签订的合同，2017 年第四季度两个应当履行招投标程序的项目无中标文件，部分项目在中标前存在发生项目成本的情况。

请发行人代表说明：（1）项目取得是否符合法律法规的相关要求，是否存在因招投标行为被处罚的情形；（2）应当履行招投标程序的工程施工项目仅提供招投标文件、无中标文件的原因及合理性；（3）未履行招投标程序项目是否存在无效风险，发行人是否会遭受相关损失。请保荐代表人说明核查过程、依据及明确核查意见。

小兵评析 ▶

业务取得不合规（尤其是应该招投标而没有招投标的问题）是工程类企业存在的典型问题，并且也是一个难点问题。对于发行人来说，如果有些合同没有履行招投标程序，这样的业务就存在无效甚至被处罚的风险，如果这类合同金额很大且占营业收入的比例很高，那么 IPO 审核风险还是很大的。

此外，本案例监管机构还关注到部分履行了招投标程序的合同，基本上也只有一个独立的招投标文件，其他程序性文件并不完备。这在形式上也不符合招投标的相关要求，也会影响到对于发行人业务取得合规性的判断。

（四）资质要求

工程施工由于责任重大且涉及人身安全问题，因而会涉及不同门槛和等级的资质监管问题。在这种情况下，发行人是否完全按照资质要求进行施工，是否存在无资质和超越资质施工的情形，也是需要重点关注的。更加重要的是，从目前 IPO 审核的实践来看，资质问题基本上是具有一票否决权的红线问题，需要格外关注。

案例 10 北京新水源景科技股份有限公司（未过会）发审会问询问题

申报材料显示，发行人曾承包“2016 年怀柔区农业灌溉机井智能化计量建设工程”（包括其中的土建工程）并签署相关合同（合同编号：HRSW－SG16009）。

请保荐代表人结合前述合同说明：（1）发行人是否具有相关工程资质；（2）招股说明书是否已对工程承包这一业务类型进行了充分披露；（3）发行人是否曾按该合同约定“依法与所招用的农民工建立劳动合同”，相关信息是否已充分披露，招股说明书相关信息披露是否真实、准确；（4）发行人是否曾进行工程外包，相关信息是否已充分披露，招股说明书相关信息披露是否真实、准确。

小兵评析 ▶

这个案例关注到发行人在施工某些项目的时候，是否具备相关的资质，以及是否存在超越资质经营和施工的情形。关于经营资质，还有另外一个问题，就是发行人施工过程中是否能够充分理解合同约定，是否严格按照合同的约定进行施工，是否存在纠纷或潜在纠纷的情形。

第六章

服装行业 IPO 审核要点

Chapter 6

服装行业的上市公司数量并不是很多，但它确实是一个非常具有特色和研究价值的行业。服装行业有着独特的经营规模和运营模式，如果不能深入了解这些特有的问题，就无法对这个行业的很多情形和现象进行解释。

按照消费群体来划分，服装行业可以分为女装行业、男装行业和童装行业，目前女装行业 IPO 上市的企业最多，男装次之，主要是以美邦股份为代表的休闲系列以及以凯撒股份为代表的商务男装。随着消费观念的升级，童装以及相关行业的企业会成为未来业绩发展的突破点。

按照销售模式来划分，随着互联网销售的兴起，服装行业目前可以分为两大阵营：一个是线下销售阵营（主要通过直营门店、经销商等方式销售），另一个是线上销售阵营（有 2B 和 2C 两种主要的模式）。服装的互联网销售让服装鞋帽市场成了一个江湖极度混战的市场，线上的往线下发展很难，线下的要开展线上业务也不容易；同时，就算是同一个战线的企业，也会在不同的细分领域进行激烈的斗争。可以说，目前的服装品牌企业都不是那么好过，倒不是因为这个行业不好，只是竞争规则随着消费者的心理随时变化，任何一个商业机会都会引起诸多企业的加入。

不论是已经上市的还是正在准备上市的服装企业，其竞争环境和经营业绩都不是太乐观，这主要是消费者需求日益多样、消费习惯变化层出不穷、竞争企业日益增多等诸多因素造成的。同时，随着境外品牌逐渐渗透国内市场，服装行业陷入“高端品牌卖不出去，低端品牌不怎么挣钱”的怪圈里，大部分企业还没有真正在品牌溢价和规模经济中寻找到合理的平衡点。

一、存货跌价及五季商品

如果说服装类企业有什么非常特殊的经营特点和 IPO 审核要点，那么存货跌价准备以及过季产品的销售绝对是当仁不让的排名第一的问题。这两个问题是独立判断的，又是相辅相成的。这两个问题重要的原因不在于会计处理有多复杂，而是一般金额巨大从而直接影响到发行人的经营业绩。具体体现在：

服装企业报告期期末有金额巨大的存货是符合行业惯例的，如果这时候存货主要是产成品就需要进行减值测试并计提跌价准备。按照女装的销售惯例，只要当季没有销售出去，就会存在很大的减值风险，一般需要计提存货跌价准备。有的企业是三个月以后开始计提跌价准备，有的企业是一年之后开始计提跌价准备，不同政策的选择将会对发行人业绩产生重大的影响，即使发行人有几个亿的净利润可能都经不起这类政策的变更。

服装产品最大的特点就是当季销售，大部分产品不论价值多高，也不管设计多新潮，只要是当季没有销售，价值立马下降很多，女装尤为明显。这种情况下就会存在过季产品的销售问题（有时候也称五季商品）。过季产品一般都是低价批量销售，去向就是线上打折或者线下奥特莱斯等。过季产品的销售又会对应跌价准备转销的问题，如果过季商品销售价格高，跌价准备转销的就多，反之亦然。这也是小兵说这两个问题相辅相成的原因。

案例 1　欣贺股份（代码：003016）2018 年上会被否发审会问询问题

发行人报告期内存货和存货跌价准备余额较大，主要为产成品，计提和转销的存货跌价准备均较大。报告期过季商品销售额分别为 5.21 亿元、5.21亿元、5.13亿元、3.54亿元，且过季商品毛利率明显高于正常商品毛利率。

请发行人代表进一步说明：(1) 各期产成品销售转销跌价金额均超过或接近于当期计提的存货跌价准备原因及合理性，是否存在通过调节库存商品的库龄而调节存货跌价准备的情形，跌价准备计提政策是否过于谨慎，是否符合企业会计准则的规定；(2) 过季节商品处理方式、相关管理和内控制度以及执行情况，是否存在对计提存货跌价准备的商品销售时点人为控制操纵利润的情况；(3) 报告期发行人将部分过季存货特价销售给泉州莱利百货有限公司，最终销售客户情况，销售是否真实。请保荐代表人说明核查依据、方法和过程并明确发表核查意见。

附：公开披露信息

1. 发行人存货跌价准备和存货减值损失情况

发行人存货跌价准备和存货减值损失情况如表6-1所示：

表6-1 发行人存货跌价准备和存货减值损失情况

单位：万元

项目	2015年12月31日/2015年度	2014年12月31日/2014年度	2013年12月31日/2013年度
存货跌价准备	35,240.84	39,040.02	41,317.57
存货跌价准备占存货余额比例	48.69%	51.56%	51.17%
当期计提存货减值损失金额	16,575.47	16,893.30	22,900.00

2. 产成品库龄及跌价准备计提情况

报告期内，公司产成品库龄余额变动及跌价准备计提情况如表6-2所示：

表 6－2　报告期内公司产成品库龄余额变动及跌价准备计提情况

单位：万元、%

期间	库龄	账面余额	比例	跌价准备	计提比例	账面价值	比例
2015 年 12 月 31 日	1 年以内	29,845.60	46.81	2802.93	9.39	27,042.67	84.41
	1～2 年	15,440.29	24.22	10,717.84	69.41	4722.45	14.74
	2～3 年	11,059.26	17.35	10,785.73	97.53	273.53	0.85
	3 年以上	7414.87	11.62	7414.87	100.00	—	—
	合计	63,760.02	100	31,721.37	49.75	32,038.65	100
2014 年 12 月 31 日	1 年以内	28,564.56	42.84	2163.56	7.57	26,401.00	85.71
	1～2 年	15,067.15	22.60	10,978.16	72.86	4088.99	13.27
	2～3 年	13,229.92	19.84	12,917.42	97.64	312.50	1.02
	3 年以上	9813.45	14.72	9813.45	100	—	—
	合计	66,675.08	100	35,872.59	53.80	30,802.49	100
2013 年 12 月 31 日	1 年以内	31,116.37	43.22	3264.49	10.49	27,851.88	83.91
	1～2 年	18,331.82	25.46	13,531.35	73.81	4880.47	14.46
	2～3 年	17,924.06	24.90	17,384.40	96.99	539.66	1.63
	3 年以上	4625.82	6.42	4625.82	100	—	—
	合计	71,998.07	100	38,806.06	53.90	33,192.01	100

针对中、高端女装时尚性强、流行趋势变化快，过季库存销售逐年递减效应明显的特点，公司制定了严格的存货跌价准备计提政策，并足额计提了存货跌价准备，计提存货跌价准备后，公司产成品账面价值按库龄结构划分基本处于 1 年以内，2013 年年末、2014 年年末和 2015 年年末，产成品账面价值中库龄 1 年以内的比例分别为 83.91%、85.71% 和 84.41%。

3. 公司过季商品处理政策及具体情况

报告期内公司一般根据产成品过季时间间隔长短（以下简称库龄）并结合款式适销程度高低，通过奥特莱斯、展销、电子商务和特价销售先后顺序处理过季商品；同时公司对过季货品各年度的结存数量较大的款式进行向各销售渠道调节，以加快过季货品处理效率。

库龄较短和适销率较高的过季款式一般定价较高；奥特莱斯店一般以吊牌价 5～6 折的方式销售，主要处理库龄在 6～18 个月、适销率较好和皮衣皮草类价格较高的库存商品；展销一般为吊牌价 3～5 折进行销售，主要处理库龄在 12～30 个月的过季货品；电子商务一般以吊牌价 3.5 折以下进行销售，2013 年以来主要处理库龄在 24～36 个月的过季货品。特殊折扣是管理商每季度末不能完成销售的部分在季末以 2～2.5 折的方式由管理商买断。经过奥特莱斯、展销、特殊折扣和电子商务处理过季库存后，还有滞销的过季商品主要以整批商品一口价形式及特价形式销售。报告期内公司对过季商品不同方式的主要销售情况和销售政策如表 6－3 所示（以 2015 年为例）：

表 6－3　报告期内公司对过季商品不同方式的主要销售情况和销售政策

单位：万元

项目	收入金额	存货成本			毛利率	主要销售政策
		原值	跌价准备	应结转成本		
奥特莱斯	7087.45	2028.91	1146.19	882.72	87.55%	2014 年款吊牌价 5.5 折、2013 年款吊牌价 5 折
展销	2867.82	1466.92	1160.82	306.10	89.33%	2014 年款吊牌价 4～5 折、2013 年款吊牌价 3～4 折、2012 年款吊牌价 2～3 折
电子商务	13,763.85	8092.61	7512.50	580.11	95.79%	以 2013 年春夏款和 2012 年款为主，一般为吊牌价 3.5 折以下
特价销售	2928.42	9825.11	9825.11	—	100.00%	整批商品类货品为主一口价形式销售
合计	26,647.54	21,413.55	19,644.62	1768.93	93.36%	

注：上述表格所列展销、电子商务、特殊折扣和奥特莱斯模式为处理过季货品主要渠道，同时也处理少量当季货品，上述销售情况仅为处理过季货品销售情况，因此上述模式所列收入金额略低于各模式下账面收入确认金额。报告期内，公司同时通过内购方式处理过季货品合计占总营业收入比例为 0.11%，占比小，合并在展销模式下列示，不再单独统计说明。

从上述表格分析，公司主要通过展销、电子商务、奥特莱斯和特价销售处理过季货品，过季货品已计提跌价准备比例高，因此公司对过季货品处理财务账面毛利率较高。特殊折扣是公司考核管理商销售目标的重要手段之一，销售过季 3～9 个月的服饰和商品为主，计提跌价准备金额比例相对较低，因此总体毛利率低于过季商品其他处理方式的毛利率。

小兵评析 ▶

关于服装生产行业的企业，存货问题一定都是需要重点关注的。不过只要解释企业存货符合行业惯例且一直保持稳定政策、不影响企业的正常生产经营，则一般不会构成企业的发行障碍。

具体到本案例的发行人，存货主要就是产成品，也按照比较严格的政策计提了跌价准备（跌价准备占存货余额比例 40% 以上），这个是没有问题的，发行人的存货跌价准备计提政策值得我们学习。其实，由于发行人的产成品已经计提了足额的跌价准备，因而问询问题中关注的过季产品销售毛利率远高于当期产品销售也是合理的（毛利率甚至超过 90%）。但是过季商品降价销售，为什么转销的跌价准备跟当期计提的基本差不多呢？这个就很难理解了，也不符合基本的商业逻辑。此外，监管机构还关注到发行人将过季产品通过当地一家奥特莱斯企业销售的真实性问题。

案例 2 地素时尚（代码：603587）发审会问询问题

请发行人代表进一步说明：(1) 报告期过季商品余额不断增长的原因，处理过季商品的主要方式，过季商品处理对发行人品牌形象的影响；(2) 报告期各期发行人对各品牌库存商品计提的存货跌价准备情况，存货跌价准备计提的理由和依据；(3) 结合报告期各期期后已销售的库存商品实际发生的损失金额、报告期各期末与同行业可比上市公司库存商品跌价准备计提比例的对比，分析说明报告期各期存货跌价准备计提是否充分；(4) 发行人关于库存商品库龄划分的相关内控制度的建立及有效执行情况，报告期内是否存在通过调节库存商品的库龄而调节存货跌价准备转回的情形；(5) 发行人库龄一年以上的过季商品的账面金额较大，占库存商品账面余额的比例也越来越高，发行人是否存在对过季商品处理不及时、存货跌价准备计提不充分的情况。请保荐代表人发表核查意见。

附：公开披露信息

根据库存商品的销售情况，公司的库存商品主要分为根据订货会情况安排的下一季新品、当季尚未完成销售出库的商品以及过季商品，其账面余额的具体结构如表6-4所示：

表6-4　公司库存商品账面余额的具体结构

单位：万元

项目	2016年12月31日		2015年12月31日		2014年12月31日	
	金额	比例	金额	比例	金额	比例
未上市新品余额	1985.84	7.81%	1665.98	7.45%	3725.28	20.10%
其中：拥有经销商订单金额	1072.39	4.22%	944.33	4.22%	2032.57	10.96%
当季商品余额	4667.79	18.37%	5647.85	25.26%	4219.17	22.76%
其中：直营终端当季商品余额	4091.73	16.10%	5298.18	23.69%	4013.60	21.65%
物流仓库当季商品余额	576.07	2.27%	349.67	1.56%	205.56	1.11%
过季商品余额	18,758.68	73.82%	15,049.03	67.30%	10,592.55	57.14%
其中：1年以内(2~4季)	6256.63	24.62%	7443.63	33.29%	4118.61	22.22%
1~2年（5~8季）	7700.85	30.30%	4122.29	18.43%	2587.24	13.96%
2~3年（9~12季）	2402.78	9.46%	1383.75	6.19%	2347.73	12.67%
3年以上（13季以上）	2398.43	9.44%	2099.37	9.39%	1538.97	8.30%
库存商品余额合计	25,412.32	100.00%	22,361.87	100.00%	18,536.99	100.00%

小兵评析 ▶

对于服装企业来说，产品最讲究款式的新颖、样式的潮流以及在当季的销售情况。对于过季商品的存货，不能简单以常规的存货跌价准备的标准来计提损失，根据行业的惯例和企业的历史经验进行处理才会更加审慎，这也是服装企业同其他企业存货核算最大的不同点。

二、品牌纠纷

服装行业既是典型的快消品行业，也是特殊的零售行业，因而有些特征与我们以前论述的零售行业存在很多相似之处，如对于品牌的依赖和重视。服装企业的生产经营不仅深受品牌的影响，甚至对其存在重大依赖。如果服装企业的品牌存在纠纷，对企业的影响是致命的。实践中，有些服装企业就是因为品牌的问题一直没有彻底解决，从而错失了 IPO 上市的绝佳机会。

关于品牌纠纷，简单来说，可以分为两种情况：（1）发行人与境内的企业或者自然人因为合作创业、委托合计、品牌混同、不正当竞争等各种原因存在纠纷的情形；（2）发行人与境外的某些机构或者自然人存在纠纷的情形。在服装行业，第二种情形更多一些，对企业的影响也更加严重。在实践中，服装行业基于竞争管理的考量，一般会在品牌宣传上刻意渲染企业品牌与境外品牌或者机构的渊源和联系，以求搭便车或者擦边球的宣传效果。但是，对于发行人来说，这就是一个潜在的地雷，随时都可能引爆从而影响后续的经营和决策。

案例 3 欣贺股份（代码：003016）反馈意见

保荐工作报告显示，发行人存在第 7808720 号、第 9291571 号、第

3876091 号、第 8732581 号等 4 件商标因乔治·阿玛尼公司提出异议被商标局作出不予注册决定；发行人针对“ANMANI”（恩曼琳）商标不予注册的相关诉讼均已撤回。招股说明书中，第 9291571 号商标仍被披露为发行人在用商标。

请保荐机构和发行人律师核查说明并补充披露：(1) 发行人就前述案件撤回起诉的原因；(2) 招股说明书关于发行人拥有商标情况的披露是否准确；(3) 发行人所有品牌在国内外申请和取得以及被不予注册的商标情况，相关商标被异议的具体进展以及是否涉讼情况；(4) 发行人是否存在继续使用侵权商标的情况，涉及的产品销售数量、金额；(5) 发行人在用的商标、著作权等重要资产的取得或使用是否存在重大不利变化的风险，是否对发行人主营业务构成不利影响；(6) 发行人相关风险揭示是否充分。

小兵评析 ▶

ANMANI（恩曼琳）是发行人旗下一个重要的品牌，ANMANI 和 ARMANI 存在仅一个字母的差异，且乔治·阿玛尼公司已对此提出异议。发行人前后两次申报 IPO 时都被重点关注商标问题。补充法律意见书对此问题进行了专门的论述，主要有：(1) 从内容、字体及结构、申请类别分别对比商标间的差异。(2) 在乔治·阿玛尼公司提出异议相关商标不予注册后，截至目前，无相关诉讼纠纷。(3) 发行人第 7808720 号、第 9291571 号商标系发行人在主营业务取得商标后注册的防御性商标，不对发行人产生实质性影响。发行人目前使用的商标有效且权力稳定，最近三年有使用且仍有后续使用计划，不存在被撤销风险。

三、退换货政策

退换货政策应该是非常普遍和正常的一种销售策略，只是不同的行业对这个政策的敏感度和影响力不同。工业企业的退换货政策一般执行金额和情形要远低于快消品或者零售行业，而同样是零售行业，服装行业的退换货政策可能也远比食品等行业的重要性更大。服装对于消费者来说，试穿和随时调换好像是一件天经地义的事情，而食品一般是一旦售出概不退换，工业企业除非重大质量问题更不会轻易退换货。

一般情况下，服装行业都会制定相对明确的退换货制度，同时从内部控制措施上保证这样的制度能够严格执行。由于服装行业退换货的比例都会很高，一般会超过 10% 甚至 20%，这种情况下，退换货的相关会计处理是否审慎、是否与可比公司存在重大差异，也会对发行人的经营业绩产生重大影响，这也是我们要格外关注的问题。

案例 4 安正时尚（代码：603839）发审会问询问题

请发行人代表进一步说明：发行人产品季的测算时间点，不同报告期内是否存在变化与人为调节情况；报告期内退换货政策的变动和执行情况；报告期退换货申请的实际申请与审核情况，是否存在人为跨期调节情况；针对不同客户退换货比例的确定依据，是否存在随意变更的情况；是否建立健全退换货内控制度并得到有效执行；退换货政策调整对报告期经营的影响与风险揭示。请保荐代表人发表核查意见。

1. 退换货比例原则

在 2013 年实行的换货政策下，公司给予加盟商的换货比例限定为不超过 15%，对于个别长期合作加盟商客户，由加盟商提出申请，公司给予不超过 35% 换货比例。

在 2014 年之后实行的退货政策下，公司核算加盟商客户销售指标达成情况，制定退货比例。其中，若加盟商达到销售指标要求，则给予不超过 10% 的退货比例，若未能达到销售指标要求，则不给予办理退货；对于个别长期合作加盟商，为支持、鼓励其业务发展，经加盟商申请，公司给予不超过 15%、35% 退货比例。2016 年，受宏观经济增速下滑影响，为支持加盟商发展，加盟商在完成公司进货指标的前提下，允许其提高退货比率，每增加 1% 的退货率，原销售货品销售折扣提高 0.015 折，但退货率上限最高只能提高 10%，相应的销售折扣最高提高 0.15 折。

2. 退换货情况

公司 2013 年执行换货政策，自 2014 年开始，执行退货政策，各年度换/退货情况如表 6－5 所示：

表 6－5　公司各年度换/退货情况

项目	2013 年度	2014 年度	2015 年度	2016 年 1—6 月
实际换/退货数量（件）	106, 627. 00	227, 038. 00	215, 465. 00	19, 478. 00
实际换/退货金额（元）	51, 157, 722. 48	112, 189, 048. 38	117, 232, 490. 48	10, 524, 510. 43
加盟模式下收入金额（元）	751, 386, 505. 41	737, 723, 145. 03	674, 789, 447. 21	211, 419, 197. 80
换/退货金额占比（%）	6. 81	15. 21	17. 37	4. 98

小兵评析 ▶

很多行业和企业都会存在退换货的情况，并且也都有明确的退换货政策。对于服装行业来说，退换货问题更加突出，不仅规模大、比例高，而且存在很大的不确定性。因而，对于服装企业来说，退换货政策不仅要明确具体，而且需要严格执行，同时政策不能轻易变动和调节。

四、核心指标

从商业竞争、企业估值、盈利能力等问题的判断来看，任何一个行业都会有一些核心的评价指标，如很多工业制造行业的核心指标体现为毛利率或者周转率指标。对于一些特定的行业，除传统的财务指标外，一些行业特有的指标更具有说服力和针对性，如互联网行业的用户数和日活数、游戏行业的在线时长、电商行业的人均购买力、服务行业的人均实现收入、商业地产行业的出租率和出租单价等。

对于服装行业来说，同样有一些很重要的指标可以直接对企业的行业地位和经营能力作出评价，典型的指标包括门店数量、门店分布、平效、存货数量、销售单价变动等，尤其是门店数量和平效，可以说直接决定了企业的盈利能力。

案例 5 欣贺股份（代码：003016）2018 年上会被否发审会问询问题

报告期内，发行人营业收入和净利润持续大幅下降，门店数量持续减少，门店平效持续下滑。

请发行人代表：(1) 分析上述指标变化情况和原因，与同行业可比上市公司是否一致，进一步说明发行人经营模式、产品结构、经营环境是否已经发生重大变化，对发行人的持续经营盈利能力是否构成重大不利影响；(2) 结合行业现状、可比上市公司数据及在手订单情况进一步说明 2017 年 1—6 月业绩止跌回升的原因及可持续性；(3) 说明报告期发行人改善经营情况和措施，结合商品库龄变化情况进一步说明是否取得相关成效。请保荐代表人说明核查依据、方法和过程并明确发表核查意见。

附：公开披露信息

发行人报告期平效的具体情况如表 6-6 所示：

表 6－6　发行人报告期平效的具体情况

单位：元/m^2

年度	自营模式	经销模式
2015 年	14,119.88	14,981.39
2014 年	18,550.50	18,133.30
2013 年	20,576.80	17.025.97

注：1. 平效＝主营业务收入/营业面积。

2. 为了更准确地反映平效值，采用按月计算、全年累加的方式计算。

发行人不同经营模式销售收入及占比情况如表 6－7 所示：

表 6－7　发行人不同经营模式销售收入及占比情况

单位：万元，占比：%

销售模式	2015 年度		2014 年度		2013 年度	
	金额	占比	金额	占比	金额	占比
自营模式	95,787.87	53.27	112,603.72	51.13	106,544.34	51.24
经销模式	65,403.33	36.38	87,183.88	39.59	77,559.12	37.30
其他	18,579.40	10.33	21,159.78	9.61	23,848.22	11.47
递延收益	29.40	0.02	－725.18	－0.33	—	—
合计	179,800.00	100.00	220,222.20	100.00	207,951.67	100.00

小兵评析 ▶

不论是怎样的 IPO 审核标准和态度，报告期内营业收入和净利润持续下滑且未来发展存在重大不确定性的企业通过审核的可能性都是比较小的。只是在 IPO 审核最宽松的那段时间，对于业绩规模非常大，尽管业绩持续下滑但是最后一年一期业绩规模仍旧远高于平均水平的企业，还是有通过审核的可能的。

具体到本案例，这个问询问题主要是关注一个原因和一个结果这两个核心问题，结果就是发行人报告期内收入及净利润持续下滑，而原因就是发行人经营门店数量持续下降以及门店平效持续下降。不论是结果还是原因，这两个因素都反映出发行人未来生产经营环境更加不利，持续盈利能力存在重大不确定性。此外，问询问题自然也关注到发行人能否结合在手订单、存货库龄情况以及同行业可比公司的业绩变动情况，来说明发行人 2017 年业绩以及未来业绩是否存在重大改善的可能。

首次主板 IPO 失败后，发行人放低姿态再次冲刺中小板，2016 年至 2019 年上半年，营业收入分别为 14.98 亿元、16.34 亿元、17.6 亿元和 9 亿元，分别对应的扣非净利润为 1.79 亿元、1.19 亿元、2.02 亿元和 1.1 亿元。业绩虽然没有出现大幅上涨，但还是较为稳定。

五、经营模式

研发设计能力是服装行业最核心的竞争优势，也是最大的经营风险。服装研发的理念和款式是否符合消费者定位、是否满足消费者要求，以及是否符合市场的主流消费风潮，都将直接决定发行人产品的销售以及定价情况，进而决定企业的盈利能力。除了研发，服装行业作为典型的 2C 行业，销售渠道也是至关重要的，在互联网销售越来越成为主流的情况下，销售模式以及销售渠道的竞争越来越复杂，也越来越激烈。

对于服装行业的经营模式来说，主要关注点在于：（1）研发设计能力。这包括机构设置、人员构成、知识产权保护、是否存在纠纷、历史经典设计的成功案例等。（2）委托加工情况。服装行业很多企业是没有自主生产的，主要依靠委托加工企业进行生产，因此会被关注到质量控制措施、是否存在利益输送或者垫付费用情形等。（3）销售渠道的建设。服装行业的销售模式主要有直营店销售、经销商销售、在线销售、商超渠道代销等模式，不同的企业会采取不同的模式，有的企业也会采取多种方式结合。关于不同销售模式的关注要点，以前的分析中我们都关注过，这里不再详细论述。

案例 6　拉夏贝尔（代码：603157）发审会问询问题

发行人于 2014 年 8 月起，在天猫商城、京东商城等第三方电子商务平台开设网上零售店，亦在 2015 年 4 月完成了对专业电商品牌七格格投资，进一步发展网上销售业务，线上业务收入占比从 2014 年的 0.61% 增长至 2016 年 1—6 月的 8.61%。

请保荐机构进一步核查并说明电商收入的交易渠道、推广方式、主要交易内容、交易金额、结算方式、收入确认时点和依据、电商推广费用及其会计核算等情况，报告期内电商收入逐年上升的原因，是否具有可持续性。

小兵评析 ▶

从目前来看，电商渠道逐渐成为服装行业最主要的销售渠道之一。这种销售模式下，如何进行收入确认和财务核查就是一个重点和难点。

案例 7　欣贺股份（代码：003016）2018 年上会被否发审会问询问题

发行人报告期内累计开店 331 家、关店 509 家，其中经销商实现的销售收入分别为 87,183.88 万元、65,403.33 万元、43,994.67 万元和 14,791.77 万元。

请发行人代表说明：（1）报告期发行人店铺大幅减少且存在经销门店转为自营门店的原因和合理性，是否对公司持续盈利能力产生重大影响；（2）发行人采用买断式经销模式，给予经销商 10% ~20% 换货政策，分析说明对经销商的销售收入确认政策是否符合会计准则的规定；（3）报告期经销商、管理商、联营商场等客户是否与发行人存在关联关系，分析主要经销商进销存情况以及大量备货合理性，最终销售是否真实，相关收入是否真实；2018 年春夏两季经销商订货数量大幅增加的合理性；（4）经销商实际控制人和自营模式下管理商实际控制人存在重合的原因和商业合理性，相关会计处理是否符合会计准则的要求。请保荐代表人说明核查依据、方法和过程并明确发表核查意见。

小兵评析 ▶

关于这个问询问题，其主要就是关注发行人经营模式中的一些合理性问题。这主要体现在以下几个方面：

1. 发行人报告期内累计开店的数量远低于关店的数量，这显然不是一个好的兆头。发行人可以开店也可以关店，这是合理的，企业也会通过这样的方式留下效益好的门店，及时关停效益不好的门店。但是，一般情况下还是会保持开店比关店的数量更多一些，或者至少会保持一定的平衡。

2. 发行人通过经销店铺销售的金额和占比逐年下降，其中一个重要的原因就是发行人部分经销门店转为了自营门店，这里的商业合理性值得关注。是不是发行人将经销门店转为自营门店有利于直接控制这些门店进行集中铺货和销售呢？或者说本来就存在代持的情形？这是存在重大质疑的。

3. 关注到发行人经销客户的产销存情况，从而核查经销商大量备货的合理性。对于服装企业，不论是生产企业还是销售企业，应该都是以轻库存尤其是零库存为最高经营目标的，经销商大量备货显然不符合常理。尤其是客户 2017 年年底大量集中备货 2018 年春夏两季的服装，更让人担忧是否存在突击确认收入的可能。

案例 8 安奈儿（代码：002875）发审会问询问题

请发行人代表进一步说明：选取合格加工供应商以及具体分派加工订单的相关内控及执行情况；不同区域外协单位的委托加工单价，以及与可比上市公司的委托加工单价水平存在较大差异的原因。请保荐代表人说明有关核查情况，并就外协加工单位与发行人实际控制人、股东、董事、监事、高级管理人员、核心技术人员及其关系密切家庭成员是否存在关联关系，发行人所列支的外协加工成本完整性发表核查意见。

小兵评析 ▶

对于服装企业来说，不仅要关注销售模式，更重要的是生产模式，毕竟很多服装企业是没有自主加工业务的，有的甚至全部是委托外包生产。在这种情况下，如何进行外协生产的协调和管理，如何保证品质和质量，如何保证合作的稳定等都是值得关注的问题。从财务核查的角度来说，要关注这种模式下，委托加工金额和价格的合理性，是否存在关联关系，是否存在垫付费用，是否存在利益输送等情形。

六、营业场所

对于服装行业来说，经营场所的问题也是值得关注的。除了关注产权瑕疵是否构成审核障碍，还要关注如果物业租赁期限到期是否存在不能续期的问题，因为某些地段的物业是稀缺的甚至是唯一的，不能续期且不一定能找到替代方案，可能会对发行人的生产经营带来重大不利影响。

在审核实践中，如果企业生产经营场所存在产权等方面的瑕疵，只要能够论证不影响企业正常的生产经营是允许的。值得注意的是，关于产权的瑕疵，我们最终要关注到对企业财务状况的影响，如搬迁对企业的影响、租赁产权没有瑕疵的房产租金的影响等。

案例 9 比音勒芬（代码：002832）发审会问询问题

请发行人代表进一步说明：直营店所使用的经营场所的产权是否存在法律瑕疵，该等情形对发行人经营及财务状况的影响情况，发行人有无相应的补救措施。请保荐代表人说明核查情况。

小兵评析 ▶

尽管电商销售渐渐成为一种趋势甚至主流，但服装这种商品的特性决定了通过租赁门店进行销售还是其最重要的销售方式。在这种情况下，不论是主观意愿还是客观因素，可能会有部分门店存在产权瑕疵的问题。当然，在审核实践中，这种情形只要合作稳定、租金合理且占比可控，一般也不会构成 IPO 的实质性障碍。

案例 10 日播时尚（代码：603196）公开披露信息

公司和经销商的终端销售门店主要分布于国内大中城市，选址主要位于大型商场和购物中心。若销售门店的租赁期限届满，公司或经销商未能与商场、购物中心续约，将会导致该类门店的关闭，从而影响公司整体营销网络布局和销售业绩。

小兵评析 ▶

对于商场和购物中心的门店，每隔一定周期就会进行调整和淘汰，这个不是发行人可以决定的。在这种情况下，发行人在商场的门店盈利情况是否符合预期，是否存在被淘汰的可能，租赁到期是否还能继续租赁，这些都需要引起重视。

七、市场推广费

对于服装行业企业来说，其必然涉及各种广告投入、市场推广活动、优惠促销以及经销商各种优惠政策等，这都涉及费用的支出。关注推广费用，不仅要关注推广费用金额的变化以及是否与销售额相匹配，而且要关注费用结构是否稳定，是否存在推广模式的重大变化，从而关注经营模式是否存在重大变化等。

在以前的分析中，我们重点从技术操作和财务数据上来分析广告费用的一些会计处理是否合理、相关数据是否真实准确，以及对经营业绩的影响。现在对这个问题的关注，主要是从商业逻辑的角度去观察，通过数据的变动来深层次思考发行人行业竞争以及经营模式的变更。

案例 11　日播时尚（代码：603196）公开披露信息

业务宣传费：主要包括品牌推广、橱窗陈列开发、企划费等。2016 年度比 2015 年度增加 509.56 万元，同比增加 23.58%，主要系品牌推广费和品牌宣传费增加所致；2015 年度比 2014 年度减少 685.56 万元，同比减少 24.08%，主要系公司 2015 年开始品牌定位梳理，减少品牌推广合作项目所致。

广告费：2016 年度比 2015 年度增加 99.46 万元，同比增加 40.60%，主要系电商广告费增加所致；2015 年度比 2014 年度减少 366.72 万元，降低 59.96%，主要系公司于 2015 年开始品牌定位梳理，减少品牌推广合作项目所致。

小兵评析 ▶

显然，广告推广是服装行业必须面对的一个问题。广告推广有一个非常明显的特征，即滞后性。简单来说，现在的广告推广，可能会对后续的产品销售带来正的影响。从 IPO 审核的角度来说，需要关注广告费用每年支出的金额以及变动情况。实践中，要特别关注广告费用大幅下降的情况。因为滞后性，广告费暂时的下降不一定会给产品的销售带来直接的不利影响，但是未来一段时间的销售一定会因为推广的萎缩而受到影响。

续表

序号	名称	发布单位	发布时间	概要
8	《食品召回管理办法》	原国家食品药品监督管理总局	2020 年修订	强化食品安全风险防控，强化企业主体责任落实，规范食品生产经营者召回时限
9	《关于严厉打击食品非法添加行为切实加强食品添加剂监管的通知》	国务院办公厅	2011 年	严格监管食品添加剂的生产销售，加强食品添加剂使用监管和完善食品添加剂标准
10	《农产品质量安全法》	全国人民代表大会常务委员会	2018 年修正	规定了农产品安全的标准、责任、事故处理等，从源头上保障农产品质量安全

（2）主要行业政策（见表 7－2）

表 7－2　与食品安全有关的主要行业政策

序号	名称	发布单位	发布时间	概要
1	《关于深化改革加强食品安全工作的意见》	中共中央、国务院	2019 年	提出坚持安全第一基本原则
2	《“十三五”国家食品安全规划》	国务院	2017 年	推动食品安全现代化治理体系建设，促进食品产业发展，推进健康中国建设
3	《国民营养计划(2017—2030 年)》	国务院办公厅	2017 年	大力发展传统食养服务，充分发挥我国传统食养在现代营养学中的作用
4	《“健康中国 2030”规划纲要》	中共中央、国务院	2016 年	明确要求完善食品安全标准体系，实现食品安全标准与国际标准基本接轨。推进食品安全信用体系建设，完善食品安全信息公开制度

案例 1 天味食品（代码：603317）发审会问询问题

司法部门认定发行人原供应商金安公司涉嫌生产、销售有毒、有害食品罪，发行人认为牛油精炼的主要工艺可使其以不合格的原材料毛油生产出经检验合格的成品牛油。

请发行人代表说明：（1）目前金安案件处于重审二审阶段，法院判处金安公司生产、销售有毒、有害食品罪是否涉及发行人，发行人是否存在被补充侦查或单独立案的可能性和风险；（2）2013 年 5 月前，金安公司为发行人原材料牛油供应商之一，发行人 2013 年 5 月未再向金安公司采购成品牛油的原因，2013 年 10 月才知悉金安事件的合理性，前次发审会取消的具体情况，撤回原因是否已经消除，相关事项是否在前次申报招股说明书中充分披露；（3）选取牛油供应商的具体标准和管理制度，发行人 2017 年 3 月与注册资本 1880 万元的青州市盛吉油脂有限公司停止合作，称该公司规模较小且距离较远，不便于实施抽检、飞行检查等供应商管理措施的合理性；（4）不合格原材料和产成品的关系，使用不合格的原材料生产的产品，是否属于《食品召回管理办法》适用的范畴，发行人如何防范和避免使用不合格原材料的食品安全卫生风险，质量安全控制体系是否能保证各项原材料的食品安全要求，相关内控制度是否健全并有效执行；（5）申报招股说明书是否就金安事件相关情况及对发行人的影响进行充分披露；（6）报告期内是否存在产品质量问题或食品安全事故，是否因此受到行政处罚，相关产品质量问题是否损害消费者健康、是否对发行人的生产经营产生重大不利影响，是否进行了充分披露。请保荐代表人说明核查依据、过程并发表明确核查意见。

附：公开披露信息

贵州安顺中院宣判一起特大生产、销售有毒、有害食品案

2015 年 1 月 19 日，贵州省安顺市中级人民法院宣判一起特大生产、销售有毒、有害食品案。被告金安食品开发有限责任公司犯生产、销售有毒、有害食品

罪，判处罚金3.4亿余元；一名被告人韦某金犯生产、销售有毒、有害食品罪，判处死刑，缓期2年执行，剥夺政治权利终身，并处没收个人全部财产。

除金安公司、韦某金被处上述判决外，法院认定被告人袁某九犯生产、销售有毒、有害食品罪，判处有期徒刑15年，并处罚金50万元；被告人汪某波犯生产、销售有毒、有害食品罪，判处有期徒刑2年，并处罚金2万元；已追缴的金安公司赃款228万余元及作案工具徐工牌大货车一辆依法予以没收；金安公司用于作案的生产设备予以没收并销毁。

法院审理查明，金安公司2006年6月成立后主要从事食用油脂、畜产品、农副产品的加工销售。2009年1月至2013年5月，金安公司违反相关规定，大批量购买牛被屠宰后废弃的非食品原料熬制的半成品牛油毛油，同时向零散屠宰户购进部分非牛板油、牛肥膘的鲜牛组织。这些毛油、废弃原料无生产许可、无卫生检验、无质量鉴定。该公司购买后经化油、脱水、脱杂、脱色和脱酸等流程加工成“食用牛油”，向重庆市、四川省成都市等地的多家食品企业销售，共计1.9万余吨，销售金额达人民币1.7亿余元。在生产过程中，韦某金负责采购原料和销售，袁某九负责加工生产，汪某波负责运输。

法院认为，被告单位金安公司及被告人韦某金、袁某九为牟取非法利益，违反规定，用废弃原料生产、销售“食用牛油”，情节特别严重，被告单位金安公司及被告人韦某金、袁某九均已构成生产、销售有毒、有害食品罪。被告人汪某波明知是不能用于食品生产的牛油毛油，仍积极运输半成品牛油毛油达70余吨，属共犯，亦构成生产、销售有毒、有害食品罪。公诉机关指控罪名成立，予以支持。

一审宣判后，被告单位金安公司及被告人韦某金、袁某九不服一审判决，提出上诉。这一案将移送贵州省高级人民法院进行二审。

小兵评析 ▶

小兵在这里想跟大家讨论一个实践中存在较大争议的问题，那就是发行人是否应该保证上下游供应商或者客户生产经营的合规性。

对于 IPO 的审核，我们要充分保证跟发行人相关的资产和运营不存在瑕疵以及违规的情形，这从保证上市主体的合规性角度来说是没有争议的。那么，对于与发行人紧密合作的（尤其是合作时间长、合作金额很大的）重要供应商或者客户，如果存在违规行为，是否会影响发行人本身的 IPO 审核呢？

关于这个问题，小兵的逻辑是这样的：从基本规则来说，发行人对于供应商或客户的经营是没有控制权也没有经营权的，发行人无法保证供应商和客户的合规经营是合理的。另一个问题是，是否存在发行人明知道供应商或客户存在违规情形而仍旧进行合作的情形呢？在这种情况下，是否存在发行人利用上下游的不合规行为获利的情形？比如，发行人通过没有资质的经销商开拓市场，发行人与财务不规范的企业合作降低采购价格，发行人与上下游一起开具相关票据进行“合理的避税”等。通俗地说，就是发行人如何论证自己是善意第三人，是完全不知情的，这也是无法控制的。

小兵的观点是，在 IPO 的审核中，如果没有充分的正面证据来论证发行人与上下游存在明知故犯甚至合谋的情形，那么应该推定发行人是不知情的，不应该对上下游的违规行为负责。但是，值得注意的是，这里有一个基本的前提，就是上下游的违规行为对发行人的生产经营不会造成重大不利影响，如不会虚增发行人的业绩，不会影响发行人的产品品质等。

具体到本案例的情形，小兵先帮着大家梳理一下简单的事情脉络：（1）金安公司是发行人前五大供应商之一，主要是供应牛油，在 2015 年因为生产、销售有毒、有害食品罪被刑事处罚，并且金额巨大、情节非常严重。（2）发行人 2012 年申报 IPO，本来是要在 2015 年 11 月 18 日上会审核的，结果在前一天“鉴于四川天味食品集团股份有限公司尚有相关事项需要进一步落实”，证监会主板发审委取消了对该公司的上市审核。后来，发行人撤回了 IPO 的申请。（3）发行人在 2017 年重新申报 IPO，保荐机构也从中信建投变成了东兴证券，发行人在 2019 年审核，报告期 2016 年至 2018 年应该说完全不受金安公司的影响，当然这是在不考虑金安公司刑事案件正在二审的情况下。

IPO 审核只关注报告期的合规性，从这个角度来说，发行人这一次的审核没有问题。不过我们要关注的是在金安事件中，发行人如何论证不知道是有害产品而购买呢？或者说购买供应商的有毒食品是否也构成共犯，是否存在被立案调查的风险？在发审会问询问题中也关注到了这个问题，即发行人对供应商违规行为不知情的合理性。比如，发行人在 2013 年 10 月才知悉金安事件，为什么在 5 月就已经停止了向金安公司的采购，是先知先觉吗？

发行人除了要论证自己是善意第三人外，还要论证供应商以前的违法行为是否对发行人的生产经营带来影响。发行人的解释是，尽管供应商提供的是不合规的原材料，但是这些原料材经过发行人的工艺生产之后就是合格的了。我们不知道发行人是不是真的有这个本事，但是发行人从原材料采购到生产的每一个具体环节都会检测并保证合格吗？发行人采购的不合格原材料真的对产品品质没有影响吗？是否后续会有一些争议或诉讼呢？

对于上下游的合规问题，在 IPO 审核过程中确实要对发行人有一定的宽容度，但是基本的商业逻辑要解释清楚。同时，对于一些相对敏感的行业，则需要增加关注度。

案例 2　庄园牧场（代码：002910）发审会问询问题

请发行人代表进一步说明：（1）报告期内和截至目前，发行人关于原材料采购、乳制品生产、包装、储存、运输、售后服务等方面的产品质量的内控制度是否健全并得到有效执行；（2）发行人产品是否发生过质量问题和/或食品安全事故，是否因此受到行政监管部门的处罚及媒体报道、消费者关注等，是否存在因产品质量问题引发的纠纷或诉讼；（3）发行人的生产经营是否符合《食品安全法》、《食品安全法实施条例》、《乳品质量安全监督管理条例》、国务院办公厅《关于进一步加强乳品质量安全工作的通知》等法律法规的规定。请保荐代表人说明核查的方法、过程、依据和结论。

小兵评析 ▶

发行人主要经营乳品的生产和销售，这属于食品行业里面监管相对更加严格和敏感的行业，毕竟我国的乳品出过多次大的问题。针对乳品行业，国家也有专门的监管政策和法规，这些都是我们需要全面梳理和重点关注的。

案例3 祖名股份（代码：003030）反馈意见

关于食品安全，请发行人：（1）对照《食品安全法》等法律法规，说明发行人关于食品生产、流通、原材料采购及添加剂等各个环节的产品质量及食品安全的内部控制制度是否健全并得到有效执行，补充说明发行人的经销商、原材料供应商、外协加工厂商是否获得了食品生产经营许可；发行人的生产经营是否符合《食品安全法》等法律法规的相关规定；（2）说明发行人报告期内是否存在产品质量问题或食品安全事故，是否因此受到行政处罚及媒体报道、消费者关注投诉等，是否存在因产品质量问题而引发的纠纷或诉讼，相关产品质量问题是否损害消费者健康、是否对发行人的生产经营产生重大不利影响，是否存在未披露的行政处罚，是否构成本次发行的实质法律障碍，发行人的信息披露是否真实、准确、完整。请保荐机构、发行人律师发表明确意见。

小兵评析 ▶

食品安全问题是食品行业企业绕不开的问题，本案例反馈意见属于常规性关注，这里仅作提示。

二、消费卡

在零售行业的研究中，我们也重点关注过消费卡的问题，在食品行业对此不再赘述。但有一个案例有一些相对比较特殊的情形，这里也与大家分享一下。

案例4　元祖股份（代码：603886）发审会问询问题

请发行人代表进一步说明：发行人消费卡券销售、提货和收回的内部控制制度及其有效性，报告期内将过期节令性礼券结转其他业务收入的相关依据，会计处理是否符合企业会计准则的规定，过期节令性礼券相关收入是否应计入非经常性损益。请保荐代表人说明核查程序和核查结论。

附：公开披露信息

报告期内，公司预收款项主要为预售的消费卡券款项以及其他款项，各期末公司预收款项分类情况如表7－3所示：

表7－3　报告期内各期末公司预收款项分类情况

单位：万元

项目	2015年12月31日	2014年12月31日	2013年12月31日
预售消费卡券款项	34,729.72	27,795.35	24,531.66
其他	454.75	575.65	497.57
合计	35,184.47	28,371.00	25,029.23

公司在对外向客户发售提货卡券收到货款时，计入预收账款，待客户实际提货、收回卡券时结转并确认商品销售收入；对于公司销售给加盟店的提货券，公司在收到加盟商的货款时计入预收账款，待客户实际提货、收回卡券时结转并确认商品销售收入。报告期各期末，公司预收款项之卡券销售款项与当期营业收入的比率情况如表7－4所示：

表 7－4　报告期内各期末公司预收款项之卡券销售款项与当期营业收入的比率情况

单位：万元

项目	2015 年 12 月 31 日	2014 年 12 月 31 日	2013 年 12 月 31 日
预售消费卡券款项	34, 729. 72	27, 795. 35	24, 531. 66
当期营业收入	157, 720. 14	147, 832. 30	145, 386. 21
卡券预收款项占营业收入比率	22. 02%	18. 80%	16. 87%

报告期内，随着公司销售规模的持续扩大，预收款项中的预售消费卡券款项相应增加，2015 年年末及 2014 年年末，公司预售消费卡券款项分别较上年末增加 6934. 37 万元及 3263. 69 万元，增幅分别为 24. 95% 和 13. 30%，增幅均高于同期营业收入的增长幅度，体现了公司品牌商业推广效果良好，为公司未来的经营发展奠定了良好的市场基础。

小兵评析 ▶

消费卡的销售以及相关的会计处理在快消品行业还是比较普遍的，基本上没有争议。值得说明的是，在元祖股份的案例中，存在一种特殊情形的消费卡，就是节令性食品消费卡（月饼消费券、粽子提货券之类）。根据国家规定，一般情况下无记名购物卡有效期应该是 3 年以上，但是发行人对于这种节令性保质期比较短的消费券也约定了比较短的有效期，超过有效期限就不能再用。

小兵认为，在该案例中发行人对于节令性消费卡的处理有些方面值得思考：

1. 发行人对于这种有效期特别短的消费券是否履行了充分的告知义务，是否能充分保证不存在潜在纠纷和风险。

2. 其实，上海市商务委员会在《关于上海元祖梦果子股份有限公司季节性产品提货券的备案咨询答复意见》中也明确表达了一个意见，就是鼓励发行人在消费券过期的情况下给予消费者等值的其他商品（如没有粽子了可以换成月饼）。

3. 从问询问题来看，发行人将过期的消费券直接计入其他业务收入，监管机构首先关注到这样的会计处理是否审慎合理，其次就算是可以确认收入，是否应该计入非经常性损益。从目前的资料来看，发行人应该还是将其计入经常性损益了，即发行人认为通过消费券过期取得的收入是合规的且是持续的。

4. 小兵认为，对于节令性消费券的处理，发行人应该给予与其他消费券相同的有效期限（如3年），消费者过了期限没有提货，发行人有为消费者提供其他等值产品的义务。对于过了有效期的消费券，发行人在充分告知消费者的情况下，可以确认为收入，但是出于审慎原则，建议还是计入非经常性损益。

三、资质

2015 年 8 月，原国家食品药品监督管理总局修订了《食品生产许可管理办法》，其中一个重要的修订就是增加了“一企一证”原则：食品生产许可实行一企一证原则，即同一个食品生产者从事食品生产活动，应当取得一个食品生产许可证。对符合条件的食品生产企业发放一张食品生产许可证，生产多类别食品的，在生产许可证副本中予以注明。

案例 5　仲景食品（代码：300908）2017 年上会被否发审会问询问题

申请文件显示，发行人的主要产品为香菇食品和香辛食品配料，需要采购的物料包括香菇原料、香辛料原料和工业产品，发行人已获得的生产许可证不包括食品添加剂生产许可证。申请文件称，香辛食品配料为香辛料调味品，具有“风味物质数据化、产品浓度高，风味与天然风味基本一致，无有害残留、安全卫生”的特点。报告期内各年，香辛食品配料的销售收入分别为 17,610.63 万元、20,248.84 万元、24,445.13 万元。《食品安全法》规定，“食品添加剂，指为改善食品品质和色、香、味以及为防腐、保鲜和加工工艺的需要而加入食品中的人工合成或者天然物质，包括营养强化剂”。就发行人在没有取得食品添加剂生产许可证的情况下生产前述香辛食品配料一事，请保荐代表人说明发行人是否违反了《食品安全法》。

小兵评析 ▶

关于这个问题，在当时公开的资料中并没有详细的说明，我们只能从问询问题中来分析。这个问题的核心关注点在于发行人是否取得食品添加剂的生产许可证。发行人香辛食品配料的销售占比在一半左右，如果这一部分的销售收入被认定为是无证经营的结果，那么发行人的 IPO 申请必然会受到影响。

发行人五年四闯 IPO，在后续更新的招股说明书中披露了食品生产许可证及后附的《食品生产许可品种明细表》，明确了食品添加剂的生产资质。

案例 6 嘉必优（代码：688089）2017 年上会被否发审会问询问题

申报材料显示，发行人主要生产食品添加剂花生四烯酸（ARA）和二十二碳烯酸（DHA）。但是，发行人自 2016 年 9 月 21 日后即未能获得授予公司整体的食品生产许可或食品添加剂生产许可。在招股说明书中，已有的两张以发行人江夏分公司和葛店分公司名义取得的食品生产许可证（证书编号分别为 SC20142011500025 和 SC20142070500020，有效期分别自 2016 年 11 月 4 日和 8 月 26 日开始）既被作为发行人拥有的企业生产资质列示，又被作为发行人拥有的产品认证资质列示。

请发行人代表说明：（1）招股说明书将前述两张尾号分别为 025 和 020 的食品生产许可证视为发行人取得的企业生产资质的做法是否与《食品生产许可管理办法》第 4 条“食品生产许可实行一企一证”的规定相违；（2）发行人是否因无证生产食品添加剂而违反《食品安全法》等法律法规。请保荐代表人对前述事项发表核查意见。

小兵评析 ▶

《食品生产许可管理办法》“一企一证”原则中的“同一个主体”，小兵理解其应该是法人主体，也就是一个主体一个食品生产许可证。即分公司可以用总公司的许可证，子公司应该单独办理许可证。发行人不符合规定主要表现在：（1）两个分公司有两个证书不符合一企一证的规定；（2）发行人应该取得资格证书而不是使用分公司的资格证书。

（注：该问题在发行人第二次申报 IPO 过程中仍然存在。）

四、销售模式

食品行业作为快消品行业的典型代表，同样具有销售规模大以及销售极度分散的特点，因而食品行业的销售模式基本上是经销模式或者加盟模式。小兵在以前的行业研究中，也对经销模式做过很多研究和分析，不过食品行业的经销模式还是有一些特殊的关注要点，因而这里单独作一个说明。至于加盟模式，与经销模式也有一些类似之处，重点关注的还是加盟模式的权利义务关系、发行人对加盟商的控制和管理能力，当然更重要的还是对收入真实性和准确性的核查。

经销模式是证监会 IPO 审核的重点问题之一，近年来申请首发的上会企业中，涉及经销模式的过会难度较大。针对发行人采取经销商销售模式，证监会于 2020 年 6 月修订的《首发业务若干问题解答》的问题 46 中详细说明了监管层的审核思路。

经销商模式下收入真实性的核查是保荐人、律师和申报会计师尽职调查工作重点。监管层审核主要关注：（1）经销商具体业务模式、业务流程、层级、协议条款；（2）发行人采取经销商模式的必要性；（3）重要经销商的基本情况、主体资格、资信能力和销售情况；（4）经销商是否存在大量个人等非法人实体；（5）经销商的变化数量、原因及影响；

(6）经销商模式的内控是否健全并有效执行；(7）经销商是否与发行人存在实质或潜在的关联关系；(8）发行人对经销商的信用政策是否合理；(9）经销商是否专门销售发行人产品；(10）经销商销售模式、占比、毛利等情况与同行业上市公司是否存在显著差异及原因；(11）发行人存在不同销售模式的，不同销售模式的比对，包括但不限于信用政策、销售单价、毛利率等；(12）经销商模式的主要产品、销售金额、销售数量；(13）经销商模式下收入确认是否符合企业会计准则的规定；(14）经销商模式下费用承担原则、情况及会计处理；(15）发行人与经销商的交易和流水情况，回款是否存在大量现金和第三方回款；(16）经销商存货进销存情况；(17）经销商退换货情况；(18）经销商模式下货物的最终销售情况；(19）经销商的期末库存情况；(20）经销商的补贴或返利情况及会计处理；(21）发行人对经销商提供担保、资金融通情况；(22）发行人对经销商是否涉及无票销售；(23）涉及海外经销商的，与国内经销商相关情况的对比是否存在差异。

案例 7 陕西红星美羚乳业股份有限公司（审核中）反馈意见

以下为 2020 年 6 月 5 日证监会反馈意见中关于经销模式的相关问题：

请发行人：(1）说明报告期各期主要直销、经销客户的名称、销售产品类型、数量、价格（同类产品价格存在显著差异的，请说明具体原因)、金额、占比及变动原因、注册地、订单获取方式；(2）经销模式是否属于买断式经销，说明发行人与经销商签订经销协议的比例、收入金额，各期新增和减少的经销商数量，报告期各期新增经销商的销售数量、单位价格、销售金额，新增经销商的同类产品售价与旧经销商之间是否存在差异、新增经销商的结算政策和信用期限与旧经销商是否存在差异，经销模式下产品的最终流向及最终销售实现情况；(3）结合市场同类产品价格变动情况（考虑销售给经销商价格和终端市场的价格），说明发行人报告期内产品销售价格变动的合理性；（4）说明主要直销客户和主要经销商的业务规模与向发行人的采购内容是否匹配；（5）说明主要直销客户和主要经销商及其控股股东、实际控制人、主要股东、董事、监事、高级管理人员、其他核心人员与发行人及其关联方是否存在关联关系，有无交易、资金往来……

请发行人：（1）补充说明发行人除直销、经销外，是否存在其他销售模式……（3）补充说明并披露经销、直销两种销售模式之下，线上、线下销售金额及占比；区分经销、直销两种销售模式之下的线上、线下销售，说明发行人与主要客户销售金额、产品及占比、主要经销商的终端销售情况；主要客户的基本情况，成立时间、注册及实收资本、股权结构、实际控制人，主要客户及股东、实际控制人与发行人、实际控制人、董监高、其他主要核心人员的关系及资金往来情况，与发行人建立合作关系的时间和背景，比照市场价格说明与发行人交易价格是否公允……（5）说明报告期内发行人经销商数量波动较大的原因；发行人经销商客户较为集中，与同行业公司是否一致……

请保荐机构、申报会计师：（1）对上述事项进行核查并发表明确意见；（2）说明对不同销售模式下收入、客户核查的方法及核查的过程，核查数量及占比、核查金额及占比，所选取核查方法的可执行性、所选取样本量是否充分的依据等说明销售收入的核查情况及意见。

小兵评析 ▶

红星美羚在 2020 年 7 月 1 日的创业板注册制改革后的首次申报稿中，比 2019 年 6 月预披露稿，增加了描述经销模式的篇幅，主要包括主营业务不同销售渠道收入情况、经销模式下经销商分布情况及经销商管理模式、销售结算方式、销售模式与同行业可比上市公司比较情况、经销商的终端销售及期末存货情况、报告期内经销商新增与退出情况，以及发行人经销模式下产品销售价格、毛利率高于直销模式下的原因，是否具有合理性和商业逻辑。这些描述在一定程度上回复了证监会的反馈问题。

经销模式的审核关注点可以借鉴其他行业采取经销模式的过往过会案例，医药行业较为常见，其他行业案例包括丸美股份、珀莱雅、养元饮品、甘源食品等。

为了应对审核高度关注的经销模式终端网点核查，近年出现了保荐券商聘请第三方实地走访的案例。在这种情形下，保荐券商仍需亲自走访或网络查询采购金额较大的终端网点，并随机抽取一些终端网点进行亲自核查。聘请第三方实地走访可以在一定程度上减轻项目组的时间和人手压力，是较好解决经销商数量众多、分布广泛的辅助核查手段，但也需要关注其中的操作风险及证据有效性。

另外，丸美股份、珀莱雅等采用经销商模式为主的企业，为了使经销模式下的经销商数据和发行人的财务数据形成闭环，均采用了信息管理系统（DMS 或 CRM 系统）对经销商销售建立跟踪机制且与财务 SAP 系统进行对接。此举除了便于发行人有效管控经销商的进销存情况，更可合理保证为财务收入核算提供正确、完整、真实的依据。存在经销模式的发行人使用类似的信息管理系统，是从内部控制的角度合理保证收入真实性的重要手段。在首发申请前，可聘请会计师对 IT 系统进行 IT 审计。对于经销模式项目，中介机构应及早建议企业建立和运行经销商管理系统及跟踪机制，形成一套行之有效的经销商控制体系。

一般而言，经销模式下经销层级短、经销商相对稳定、独立且采用买断式销售开展合作、费用承担机制合理的发行人，通过 IPO 的可能性较高。同时，由于收入真实性核查的要求较高，中介机构在对经销商和最终客户的高比例、全方位的核查中，可能导致发行人与经销商产生矛盾。因此，经销商模式中，根据实践经验，对经销商具备较强发言权和主导权的发行人 IPO 成功概率也相对大很多。

案例 8　绝味食品（代码：603517）发审会问询问题

请发行人代表进一步说明：对加盟商的管控手段和方法，对加盟商能否做到有效管控；加盟商的销售规模是否能够维持加盟门店的正常经营，其盈利能力是否处于正常水平。请保荐代表人对发行人 SAP 管理系统的实际运行情况，对主要加盟商经营能力、门店销售，以及发行人的加盟收入真实性等事项发表核查意见。

小兵评析 ▶

加盟模式也是一种非常重要的销售模式，不过主要适用在快消品行业，尤其是食品行业。加盟模式与经销模式相比，有很多相同之处，也存在一些比较明显的区别。加盟模式和经销模式相同之处在于，加盟和经销都是帮助发行人进行渠道建设和销售从而获取渠道的收益。加盟商的特殊之处在于，发行人可能还会获得加盟费用的收入，加盟费用的收入可能是固定金额也可能按收入的比例提成。

在加盟模式下，加盟商需要使用发行人的品牌，在某种意义上代表了发行人的品牌和品质。因而，审核过程中可能更加关注的是发行人对加盟商的管理政策和控制措施，是否能够对加盟商保持有效的管控；如果发行人对加盟商进行集中管理，管理系统的运行是否有效；同时还会关注在系统管理下，发行人如何保证收入的真实性和准确性。

案例 9　祖名股份（代码：003030）反馈意见

招股说明书披露，公司的销售模式主要分为经销模式、商超模式和直销模式。

请在招股说明书中补充披露并说明：（1）按销售模式分类的主要产

品的销售单价、数量及金额，变动较大的请说明原因；（2）进一步说明发行人对于经销商的管理制度，经销商的划分方式，是否具备发行人某产品或某地区的独家经营权，是否只销售发行人的产品，双方的权利义务关系，发行人、经销商是否承担经营过程中互相的成本费用，对在经营过程中发生的市场费用的分摊方式，各期构成的明细、金额、核算依据、相应的会计处理；（3）发行人对于经销商、商超是否存在返利政策，如存在，请详细说明各期的构成明细、金额、核算依据、相应的会计处理；（4）报告期内按地区分类的经销商的增减变动情况，经销商退出的原因，退出后，其未销售产品的处置情况；（5）发行人各类销售模式下的定价依据，同一产品在全国范围内是否为统一定价；（6）商超模式下，发行人与商超之间的权利义务关系，各期商超模式下发生的市场营销费用，构成明细、金额、核算依据、相应的会计处理，发行人与商超之间是否约定退换货条款，该条款对发行人收入确认的影响，各期实际发生的金额、相应的会计处理。请保荐机构、会计师对上述事项发表核查意见并进一步说明：（1）发行人经销商与发行人实际控制人、董监高及其关联方是否存在关联关系；（2）发行人经销商股东、高管是否存在发行人员工或前员工；（3）发行人经销商的最终销售情况。请说明执行的核查程序并发表核查意见。请在招股说明书“财务会计信息”章节中补充披露各销售模式下，具体的收入确认及结算政策。请在招股说明书“管理层讨论与分析”章节中补充披露各销售模式下的收入、成本。

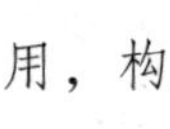

小兵评析 ▶

这个案例中，发行人有多种销售模式，不同的模式对应着不同的财务核算流程和标准，同时反映到财务指标上也会存在重大的差异。审核中主要关注不同销售模式下销售政策、定价等差异。发行人作为典型的快消品行业，三种模式非常典型和普遍，值得学习。招股说明书里有详细描述，考虑到篇幅这里不作摘录。

五、销售返利

销售返利同样属于食品企业采用经销模式所派生的延伸问题。对于生产商来说，为提升经销商积极性，发行人一般会根据经销商一定期间的销售任务完成情况，按照销售的一定比例将产品实物返还经销商作为销售返利。不同的奶粉生产商的销售返利政策各有不同，除了根据销售任务的完成情况、网点建设的进度等作为返利的条件，也有根据经销商费用消耗情况对经销商返利作为补贴。

奶粉企业实物返利的实质，是会计准则中的“商业折扣”。对于类似的实物返利，现实中有两种会计处理方式：一种是按照实际收入金额除以最终出库的存货数量后得出的实际单价，乘以实际出库数量在主货物和搭赠货物出库时分别确认对应收入。另一种是在返利计提当年按实际收入金额确认全部收入，同时以搭赠货物的公允价值预提销售费用；待兑现返利时冲销已预提的销售费用，按正常销售金额减去使用的商业折扣额度后的金额确认销售收入。显然，第一种方法更符合《企业会计准则第 14 号——收入》第 7 条和第 8 条对商业折扣和销售折让的规定，货物返利后续通过折扣销售的形式体现，即后续的会计处理为冲减收入。但第二种方法不能说不正确，存在即合理。

案例 10 陕西红星美羚乳业股份有限公司（审核中）反馈意见

本案例收到的证监会反馈问题中，未有太多关于经销商销售返利的关注，具体如下：

说明经销商返利的情况、广告费及促销费的投入方式、主要支付对象、定价情况等，说明广告促销费变动幅度较大的原因和合理性。

可参考发审会对丸美生物（603983. SH）关于销售返利的问询：

报告期内经销的返利政策及执行情况，是否存在传销等不规范的销售方式，是否存在潜在的合规风险，销售返利与销售金额是否匹配，返利的会计处理是否符合企业会计准则规定。

本案例发行人招股说明书对销售费用中的经销商返利作出了如下披露：

报告期内，广告促销费主要包括公司计提的经销商返利、广告费及促销费等。具体明细如表 7－5 所示：

表 7－5 报告期内广告促销费具体明细

单位：万元

项目	2019 年	2018 年	2017 年
经销商预提返利	81.61	52.18	1276.04
广告费及促销费	1769.38	1086.55	1848.29
合计	1850.99	1138.73	3124.33

2017 年，公司广告促销费用较高，主要原因为当年预提的年度返利、第四季度经销商返利金额较大。具体说明如下：公司每年年初与经销商签订年度销售合同，约定经销商可以按照部分产品各季度及全年销售任务的实际完成情况，获得一定比例的返利，其中第四季度及全年返利于次年由公司以实物的形式发放。

2017 年作为婴幼儿配方乳粉注册制过渡期，原有婴幼儿配方乳粉系列将要停止生产，公司加大对婴幼儿配方乳粉的促销力度，为经销商提供了针对性的返利政策，当年超额完成销售任务的经销商较多，当年预提返利金额较大。2018 年，上述针对性的返利政策结束，当年年度返利金额较上年大幅下降。

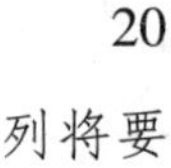

小兵评析 ▶

结合本案例发行人在“其他流动负债”的披露信息，可以推测红星美羚对于报告期期末已计提但未支付的返利记入“销售费用”科目中，同时贷记“其他流动负债”；而报告期内兑现过往已计提的返利，则冲减当期“销售费用”科目，并按照销售折让减计营业收入。

与以上对销售返利的会计处理类似的案例有已经过会的西麦食品（002956. SZ）和今世缘（603369. SH）。可以看出，这种会计处理会使报告期内的销售费用波动特别大，红星美羚在首轮反馈中也是被关注了广告促销费变动幅度较大的情况。发行人对经销商的销售返利执行的政策变动和兑现的节奏快慢，都会影响销售费用的发生额。更为极端的情况是，若发行人在某一年对以往年度在负债项下累计的销售返利全部兑现，由于在兑现返利当年冲减销售费用，该年度销售费用可能会被冲减成零甚至是负数。对于大部分缺乏专业财会知识的投资者来说，一个偌大的发行人，销售费用的发生额为零或者是一个负数，该是多么难以理解的事情啊。

翻阅中国飞鹤（6186. HK）的招股说明书，并未发现销售费用中存在返利相关的费用。由于整个招股说明书也没有“返利”相关的描述，但根据实际经验，合理猜测中国飞鹤对经销商返利是采取了冲减收入的会计处理。

无论发行人采取哪一种会计处理，必然是经过了深思熟虑，考虑了收入和费用之间的权衡。

六、商标及品牌

对于食品行业来说，商标、品牌以及与产品美誉度相关的资产都是企业的核心资产，对企业的生产经营有着至关重要的影响，因而IPO审核中也会重点关注。关于商标品牌，我们以前主要关注纠纷和争议的问题，在食品行业中，我们关注的商标问题会更加广泛一些，包括商标的授权许可使用、品牌的受让和转移、品牌的侵权和不正当竞争等。

案例11 香飘飘（代码：603711）发审会问询问题

2016年6月，发行人通过与香港林氏签订《品牌独家使用许可框架协议》取得兰芳园品牌在大陆的独家使用权。

请发行人代表进一步说明：（1）发行人通过该协议所取得的品牌独家使用权的标的；（2）发行人通过与杭州湘元餐饮管理有限公司、杭州兰芳园餐饮管理有限公司和杭州余杭满好食品有限公司签订协议收购与“兰芳园”相关的商标权、商标申请权以及相关转让价格的定价依据等具体情况；（3）发行人目前正在申请的“兰芳园”商标的注册进展情况，是否存在法律障碍；（4）发行人目前使用兰芳园品牌进行奶茶的生产及销售的进展情况。请保荐代表人对上述问题的核查情况进行说明，并对发行人取得香港兰芳园国内独家使用权的会计处理的合规性，以及相关交易的真实性发表核查意见。

小兵评析 ▶

这个案例提到的情形就是发行人许可使用别人的商标是否构成经营障碍的问题。在这个案例中，由于许可使用商标的业务并不是发行人的核心业务，因而关注的问题也比较常规。当然，只要是品牌许可，自然也会关注到品牌许可费用的合理和公允问题。

案例12 绝味食品（代码：603517）反馈意见

招股说明书披露，发行人是休闲卤制食品行业的知名企业，拥有的“绝味”注册商标为“中国驰名商标”。

请保荐机构、发行人律师核查披露发行人是否因商标使用或品牌仿冒而产生的纠纷及其具体情况，是否对发行人生产经营产生不利影响，及发行人的应对措施。

小兵评析 ▶

这个案例提到的主要是商标侵权以及可能涉及的不正当竞争的问题。发行人是行业的领导者，绝味商标是中国驰名商标，根据相关规则，驰名商标是有特殊保护政策的。这里主要关注是否存在被侵权的情形，是否存在假冒的情形，是否存在损害消费者权益的情形等。

七、广告合规

广告费支出是食品企业的一项重大支出。以中国飞鹤为例，其广告费一般是当年营业收入的三成，即超过一半的毛利润都花在广告上。由此可见，“广而告之”对于食品企业来说是非常重要的营销活动之一。根据消费者追求安全可靠的消费心理，食品行业也有意无意突出企业历史悠久、通过认证畅销国外市场、历史名人背书或明星代言等。如果发行人的公众号、网站、线下宣传等涉及虚假宣传，则极有可能违反了《广告法》。

案例 13　陕西红星美羚乳业股份有限公司（审核中）反馈意见

以下为 2020 年 6 月 5 日证监会反馈意见中关于虚假记载或宣传的相关问题：

请发行人说明：发行人网站宣传“自建自控奶源基地”“专注羊奶粉研究 40 年”“1980：淡村公社创办淡村红星奶粉厂，为陕西红星美羚乳业股份有限公司的前身”“连续 18 年销往欧盟、东南亚等国家和地区”等相关内容是否真实、准确，本次信息披露是否存在虚假记载，发行人网站是否涉及虚假宣传。请保荐机构、发行人律师核查上述问题，说明核查过程并发表核查意见。

小兵评析 ▶

红星美羚的招股说明书中没有针对上述反馈问题进行专门的描述，发行人的官方网站上似乎已经没有了上述宣传用语，因此这些宣传用语的严谨性确实值得推敲。总之，广告千万条，合规第一条；宣传不规范，品牌两行泪。发行人在申报之前，保荐机构除了低头做尽职调查、做材料，也应该抬头搜索一下互联网，提醒发行人在申报之前及时修正不恰当的宣传用语。

第八章

物流运输行业 IPO 审核要点

Chapter 8

物流行业渗透到商业合作和经济发展的每个方面和角落，有着不可替代的作用。如果要将物流行业分类，小兵觉得可以根据业务内容和服务的客户不同作一个简单区分：（1）居民领域的物流运输，也就是我们所理解的快递行业，这是我们最熟悉的物流行业。（2）工业领域的特殊运输行业，如危险品、精密仪器等产品的物流企业，当然也包括化工产品、钢铁等大宗商品的运输企业。（3）港口码头等企业，这些企业属于海运的重要集散地，同时也是物流周转的重要组成部分，在物流行业的上市公司中也占有很大的比重和地位，因而这里也一并讨论。我们关注到物流运输行业的审核要点主要包括宏观政策、安全事故、下游客户、毛利率、关联交易、收入确认、土地房产瑕疵、用工问题。

一、宏观政策

物流行业与国民经济发展有着直接的联系，物流行业起源于各个方面的合作和联系，同时也会因为一些宏观经济和贸易合作关系的变化而存在重大的变化。因而，对于物流行业的思考，必须站在更高的角度，必须从整体的经济环境和商业合作的本质去判断。

案例 1　青岛港（代码：601298）发审会问询问题

发行人所处的港口行业与宏观经济、国际贸易的发展关系密切。国家发展和改革委员会 2017 年反垄断调查要求下调外贸进出口集装箱装卸费用。

请发行人代表说明：（1）“贸易战”对发行人业务的影响；（2）该反垄断调查的具体情况、下调幅度及预计对发行人的影响。请保荐代表人说明核查依据、过程并发表明确核查意见。

附：公开披露信息

产业政策调整的风险

港口行业作为国民经济基础产业，长期以来受到国家产业政策的支持和鼓励，若国家相关产业政策在未来进行重大调整和更改，或对港口设施条件、技术水平等标准和要求进行更加严格的规定，或做出不利于本公司的规划，将会给本公司的业务发展带来一定的影响。另外，如果国家对港口相关行业的行业政策或对经济腹地的经济发展规划进行调整，也可能对公司的经营产生间接的影响。

小兵评析 ▶

发行人是重要的港口，是物流运输的重要中转站，也是发行人的核心盈利来源。对于港口企业来说，对外贸易是收入来源的重要组成部分，因而这个案例审核中就关注到对外贸易政策对发行人的影响，尤其是一些比较大的政策变化对发行人盈利能力的影响。此外，在秦皇岛港的案例中，发行人还重点解释了关于煤炭价格下降从而导致发行人业绩大幅下滑接近 80% 的事实。

二、安全事故

在很多行业的 IPO 审核中，都会关注到安全事故问题，这个问题在物流行业更加普遍和突出。一般来说，物流行业出现的安全事故可能看起来会更加吓人和敏感。

物流行业跟货物运输直接相关，涉及货物的装卸、货物的长途运输、货物的分装等各个环节，而每个环节都可能出现重大的事故。物流行业安全事故最大的特点就是发生的频率会比较高，且可能会发生相对比较重大的安全责任事故，因而，我们将这个问题作为物流行业 IPO 审核非我们必须承认，技术的进步和科技的发展的确可以改变很多业务合作的方式和居民消费的习惯。比如，手机移动支付的普及，致使以食品行业为代表的快消品行业不再依赖于现金支付，不再存在收入核查的障碍，从而让这个行业的 IPO 成为一种可能。

以前，我们讨论行业的限制或者障碍问题，总是提到与每个人最接近的衣食住行的行业存在 IPO 的实质性障碍。尤其是食品行业，我们总是讲民以食为天，我国又是食品消费最大的国家，而食品行业的上市公司数量与其本身的行业规模和地位是完全不匹配的。

移动支付的普及、消费者支付习惯的改变，以及注册制对于相关问题更加宽容的审核理念，造就了这两年食品行业 IPO 数量大幅增加。食品行业 IPO 审核要点主要包括食品安全、消费卡、资质、销售模式、销售返利、商标及品牌、广告合规等。

一、食品安全

毫无疑问，对于食品行业的企业 IPO 来讲，审核中必然关注到食品安全问题。关于食品安全问题，可以从以下几个层次来考量：（1）国家政策和行业法规对这个行业的监管措施以及变动趋势，是否存在对发行人重大不利的变化和情形；（2）发行人对食品安全问题的内部控制措施以及执行的有效性；（3）发行人历史上是否存在过食品安全问题，如果存在，处理的方案和结果是怎样的，是否存在纠纷或者潜在纠纷。

从 IPO 审核的角度来说，食品安全问题关系到国计民生，同样也直接影响到发行人生产经营的合规性，进而影响发行条件的判断。因而小兵建议关注发行人的食品安全问题时，不仅要关注报告期的情形，还要对报告期之外的情形加以关注，需关注问题是否处理到位，是否有后续影响等。

小兵总结了与食品安全有关的主要法律法规和行业政策，简要如下：

（1）主要法律法规（见表 7 – 1）

表 7 – 1　与食品安全有关的主要法律法规

序号	名称	发布单位	发布时间	概要
1	《食品生产许可管理办法》	国家市场监督管理总局	2020 年	规范了食品、食品添加剂的生产许可活动，旨在加强食品生产监督管理，保障食品安全
2	《食品安全法实施条例》	国务院	2019 年修订	对《食品安全法》的实施作了补充、细化和解释
3	《食品安全法》	全国人民代表大会常务委员会	2021 年修正	对食品安全风险监测和评估、食品安全标准、食品生产经营、食品检验、食品安全事故处置和监督管理等作出了规定
4	《关于食品生产经营企业建立食品安全追溯体系的若干规定》	原国家食品药品监督管理总局	2017 年	为食品生产经营企业建立食品安全追溯体系，实现食品质量安全顺向可追踪、逆向可溯源、风险可管控，发生质量安全问题时产品可召回、原因可查清、责任可追究
5	《关于贯彻实施〈食品生产许可管理办法〉有关问题的通知》	原国家食品药品监督管理总局	2017 年	针对各地在实施《食品生产许可管理办法》过程中有政策把握不准、工作标准不统一的问题强化工作指导、统一工作规范
6	《食品生产许可审查通则》	原国家食品药品监督管理总局	2016 年	严格划分了许可审查的方式，优化了现场核查要求，完善了许可审查机制，提出了行政许可方便服务机制
7	《食品经营许可管理办法》	原国家食品药品监督管理总局	2017 年修正	规范了食品经营许可活动，旨在加强食品经营监督管理，对食品经营许可的申请、受理、审查、决定及其监督检查进行了规定

第七章

食品行业 IPO 审核要点

Chapter 7

常重要的一个问题进行梳理和说明。

案例2 德邦股份（代码：603056）发审会问询问题

报告期内，发行人发生多起安全事故。此外，发行人在报告期内存在通过收银员个人账户收取营业款的情况。

请发行人代表说明：（1）比照同行业可比公司情况，说明发行人报告期内发生多起交通事故的主要原因、处理意见及后续整改情况；（2）发行人有关安全生产等相关方面的内控制度是否健全并得到有效执行；（3）发行人有关销售、收付款等方面的内控制度是否健全并得到有效执行。请保荐代表人说明核查过程和依据，并明确发表核查意见。

附：公开披露信息

报告期内，发行人发生致人重伤或死亡且负有责任的安全事故共42起，共导致27人死亡。上述42起安全事故全部系发行人的运输车辆在运输途中发生的交通事故。根据主管部门出具的责任认定书，在上述42起发行人负有责任且致人重伤或死亡的交通事故中，发行人负全部责任的事故有9起，负主要责任的事故有14起，负一半责任的事故有7起，负次要责任的事故有12起。

经核查发行人报告期内发生安全事故的责任认定书、调解协议、和解协议、赔偿协议、赔偿款支付凭证、收据、医疗费发票等文件，除2016年5起致一人重伤的交通事故因赔偿金额未达成一致尚处于协商阶段外，发行人已依据赔偿协议或相关约定向其余全部事故的死伤者或其家属支付了赔偿金或相关医疗费用。

公司在事故发生后认真按照相关行政部门的要求及公司内部的安全制度进行整改，通过提升车队人员素质、开发安全管理系统、引入车载辅助设备等措施，对人员、设备、系统实现多方位管理。其中提升车队人员素质的整改措施包括完善新司机入职培训考评，设置防御性教练员，完善岗前培训、日常培训及事故司机培训等；开发安全管理系统的措施包括通过建立营运安全管理系统，对司机进行防御性驾驶测评，确定隐患司机并采取跟踪和改善措施，对车辆现场安全进行督导等；引入车载辅助设备措施包括安置车载陀螺仪，长途GPS 监控等设备。发行人通过采取上述整改措施，增强公司安全生产综合保障能力，提高了公司安全生产管理水平。

小兵评析 ▶

德邦物流主要经营大件物品的物流运输服务，且主要是陆运。这样的业务特点决定了发行人出现安全事故的可能性会更大，尤其是交通责任事故。从披露的信息来看，发行人报告期内发生了 42 起安全事故，死亡 27 人，一般类型的企业肯定不会出现这样的情况，就算是物流企业 3 年出现这么多的安全事故也是非常可怕的一件事情，甚至直接影响到发行条件。发行人解释说这些事故全部是交通事故，且负全部责任和主要责任的有 23 起，超过了一半，毕竟交通事故偶然性更大一些，有一些情有可原，不过还是应该取得相关部门的证明文件才可能被认可。

案例 3 秦港股份（601326）反馈意见

请保荐机构和发行人律师结合发行人吞吐货物中危险品和化工品的占比补充核查并详细披露发行人安全生产方面的具体情况，包括但不限于相关法规、风险控制、是否发生相关事故，是否存在违法违规行为。

小兵评析 ▶

这里提到了关于危险品物流运输的安全生产问题。如果物流企业涉及危险品运输，需要关注资质的情况、相关管理制度的情况、专业人员的情况等。当然，更需要关注是否发生过安全事故，如果出现过则需要详细解释并且做出妥善的处理。

三、下游客户

对于我们常见的民用领域的快递物流行业来说，客户一般是普通消费者；对于工业领域的物流企业来说，客户却存在相对的特殊性；对于港口企业来说，因为港口的业务地位不同所以客户会存在很大的不同，有的港口重点是煤炭运输，有的是大宗商品运输，有的可能是食品运输等。还有一类物流企业，主要给重要的工业企业提供配套服务，如为下游的汽车生产企业、家电生产企业服务等。哪些领域的客户，这个领域的哪些客户，客户在领域的地位和竞争力等因素，在某种程度上决定了物流企业的行业竞争力。

案例 4 秦港股份（601326）发审会问询问题

请发行人代表结合煤炭行业去产能目标，发行人主要客户中国中煤能源集团有限公司、大同煤矿集团有限责任公司、神华集团有限责任公司等选择在环渤海地区自建码头的最新进展，以及周边港口竞争、大秦线铁路运量下降、雄安新区建设对河北地区环保的新要求、发行人 2017 年第一季度的经营业绩（经审计）等情况，进一步说明：(1) 发行人的行业地位或发行人所处行业的经营环境是否已经或者将发生重大变化，并对发行人的持续盈利能力构成重大不利影响；(2) 发行人采取的应对措施及进展情况；(3) 发行人 2017 年上半年、全年经营业绩是否存在大幅下滑乃至发生亏损的情形。请保荐代表人发表详细的核查意见，并说明核查的具体程序、方法、结论和依据。

附：公开披露信息

报告期内，发行人实现的收入和净利润情况如表 8－1 所示：

表8－1　报告期内发行人实现的收入和净利润情况

单位：万元

项目	2016年度	2015年度	2014年度
营业收入	491, 100. 64	688, 989. 43	722, 310. 27
营业利润	34, 864. 51	166, 035. 44	215, 449. 99
利润总额	48, 528. 08	171, 341. 78	255, 738. 34
净利润	37, 156. 50	134, 636. 21	197, 730. 65
其中：归属于母公司股东的净利润	36, 502. 91	134, 449. 04	198, 014. 47
归属于母公司股东、扣除非经常性损益后的净利润	26, 351. 98	130, 264. 67	167, 129. 14

报告期内，发行人实现的经营现金流还是比较充裕的，具体情况如表8－2所示：

表8－2　报告期内发行人实现的经营现金流情况

单位：万元

项目	2016年度	2015年度	2014年度
经营活动产生的现金流量净额	148, 886. 88	232, 123. 83	298, 381. 06
投资活动产生的现金流量净额	－8578. 83	－204, 245. 64	－317, 242. 80
筹资活动产生的现金流量净额	－164, 542. 72	－181, 370. 68	－247, 995. 41
汇率变动对现金及现金等价物的影响	1569. 53	914. 23	3345. 47
现金及现金等价物净增加额	－22, 665. 13	－152, 578. 26	－263, 511. 69
归属于母公司股东、扣除非经常性损益后的净利润	26, 351. 98	130, 264. 67	167, 129. 14

小兵评析 ▶

发行人的客户70%是煤炭企业，收入的绝大部分也来源于煤炭行业，发行人2016年业绩大幅下滑的原因主要是煤炭行业的不景气带来的一系列的连锁反应。具体到财务数据上，发行人2016年不仅营业收入大幅下降，毛利率也大幅下滑，而毛利率大幅下滑最根本的原因就是下游行业不景气以及同行业竞争加速。

案例 5　原尚股份（代码：603813）发审会问询问题

请发行人代表进一步说明：（1）发行人获得本田客户业务的方式，合作期内是否存在变化。（2）发行人在本田客户业务中的份额，报告期内的变动情况，未来是否存在上升空间。（3）发行人取得广汽本田新厂区零部件入场物流业务的具体方式，对发行人未来经营的影响。（4）广汽本田物流的相关情况；与该公司相比，发行人有何竞争优势和劣势；2016 年，发行人广汽本田零配件取货物流业务市场份额超过该公司的原因。（5）发行人与本田客户业务开展的持续性是否存在重大不确定性。（6）发行人针对本田客户是否存在业务依赖，相关风险是否充分揭示。请保荐代表人发表核查意见。

附：公开披露信息

报告期内，本田相关客户销售收入占公司营业收入的比例分别为 46.34%、41.90% 和 44.81%，毛利额占毛利总额的比例分别为 49.30%、41.62% 和 42.06%。

1. 本田相关客户收入占比较高的原因

本田相关客户主要为广汽本田、东风本田、东本储运、东本发动机以及东风日梱、本田（中国）和本田汽车用品（广东）。报告期内，广汽本田、本田（中国）和本田汽车用品（广东）为公司的直接客户；东风本田为公司的间接客户，发行人主要通过东本储运（东风本田关联物流企业）为其提供服务；东本发动机 2014 年和 2015 年为公司直接客户，2016 年变为间接客户，公司主要通过东风日梱（东本发动机关联物流企业）为其提供服务。

公司与上述三家公司的合作均已超过 10 年，凭借网络优势和自有运力优势以及集拼运营成本优势，建立了稳定的深度合作关系，并成为其重要的供应商之一。

公司现有主要物流基地（广州、上海、武汉）的分布与国内汽车零部件与整车的区域布局基本吻合。报告期内，本田品牌汽车在中国境内（含广汽本田和东风本田）的销量分别为 78.83 万辆、98.61 万辆和 125.6 万辆，增长较多。公司现有物流基地的承载能力已日趋饱和，本田相关客户对公司物流服务需求量大且稳定。公司在仓库和运力受限的情况下，优先满足本田相关客户的需求，致使其他客户的业务规模和销售收入的增长受到一定限制，从而导致报告期内，本田相关客户的销售占比一直维持在较高的水平。

2. 与本田相关客户的合作持续性

（1）公司与本田相关客户的合作均已超过 10 年，通过多年的合作，公司已经成为其重要的供应商之一，双方已建立了相互依赖的稳定合作关系。公司在物流网络、服务质量以及成本等方面具备一定优势，保证了公司业务的持续性。

汽车行业具有零部件扩散性强的特点，汽车行业主机厂商对其供应商的区位选择也有着较高的要求，零部件供应体系均倾向于区域集中，以便获得减少物流成本、提高信息沟通质量等方面的地缘优势。公司物流基地的分布与广汽本田、东风本田以及东本发动机的生产布局基本吻合，在区位上具有较大优势。

公司自有车辆较多，有利于快速响应本田相关客户的需求，提升服务质量。截至 2016 年年末，公司拥有自有运营车辆 300 余台，公司以自有车辆运输配送，保证物流服务的专业周到。对于客户非预期的生产需求，公司自有车辆和人员具备灵活调动的特性，能够保证突发物流需求的运力支持。

此外，凭借发达的物流网络和丰富的物流经验，公司能够系统地配置运力资源和规划运输路线，制订符合产品特点、生产模式、订单方式和包装要求的一体化解决方案，提高运营效率。公司拥有和管理 11 个汽车零部件仓储配送中心，以配送中心为节点，可以在不同客户和零部件供应商之间实施“对流”运输，降低空驶率。并且，可以将目的地相近的货物进行集拼和换装，有效地控制整体物流成本。

以广汽本田为例，随着产量的提升，广汽本田生产线边库存压力越来越大。广汽本田计划要求供货半径 60 公里以上以及供货半径在 60 公里以内但供应风险较大的零配件厂商在广汽本田工厂5公里以内建立安全库存。公司黄埔物流基地仓库面积约10,000.00平方米，距离广汽本田一厂不足5公里。增城物流基地仓库面积约20,000.00平方米，距离广汽本田二厂不足3公里。2017年3月，凭借良好的服务质量和物流基地区位等优势，公司取得了广汽本田新厂区零部件入厂物流业务，未来新厂区零部件配送均需要从公司增城物流基地发出。此外，公司上海物流基地仓库面积约20,000.00平方米，广汽本田华东地区30余家供应商的零配件需运至公司上海中转仓，然后集中运送至广州中转仓，预计未来上海地区业务规模会进一步增长。

在日常经营中，公司长期稳定的保质保量的服务能力也获得了广汽本田的信赖。公司已被广汽本田评为“核心物流供应商”，其零配件取货物流每年一半以上的采购由公司提供。对于广汽本田的新取货物流业务，未来仅向公司在内的三家物流供应商邀标。

（2）广汽本田等作为国内知名厂商，出于对服务质量控制要求，在选择供应商时，通常对供应商的资质认定要求严格。供应商往往需要在业务流程、质量管理、信息化应用水平以及突发事件处理能力等各方面进行多次整改后才能通过其资质认定，纳入其供应商体系。由于在供应商评审过程中，已付出了较多的时间和较大的成本，一般不会轻易大规模改变其供应体系。尤其是在JIT要求下，及时准确的物流服务是生产组织的关键环节，客户更加注重服务品质，对价格敏感性较低，忠诚度较高，通常不会轻易更换物流企业，即便在开拓新零部件供应商的情况下，也会与原物流企业继续保持紧密合作关系。基于这样的特性，公司业务相对稳定，客户的业务发展将会为公司带来相应的发展机会。

（3）公司与广汽本田通过签订框架协议《取货物流业务委托合同书》和具体线路或业务的《单项合同》约定双方的合作关系，对运输价格、交货方式、付款、违约责任以及保密义务等进行约定。上述框架协议签订周期为3年，具体线路或业务的单项合同，签订周期为1年，广汽本田每年对当年所有物流供应商进行考核，并确定次年合作线路。公司与广汽本田于2005年开始合作，迄今已延续12年，充分表明了公司与广汽本田的稳定合作关系，双方已形成长期共赢的合作模式。

综上所述，公司与本田相关客户合作时间均较长，且业务上相互依赖性较强。

未来几年，公司与本田相关客户的合作关系基本稳定，不会对公司生产经营造成重大不利影响。

小兵评析 ▶

本案例发行人是工业领域物流企业的典型代表，主要是与汽车行业的企业进行合作。发行人与本田汽车的合作一直很稳定，不论是收入还是净利润基本上都接近50%，因而审核中关注到发行人与本田汽车的合作历史、合作模式、是否存在重大依赖等情形。

四、毛利率

对于物流行业来说，毛利率问题有一个非常典型的特征，就是差异非常大。毛利率的差异不仅体现在不同的客户之间，也不仅体现在不同的行业和具体的业务内容之间，还体现在发行人内部不同的客户和业务之间。这种毛利率差异很大的情形，与物流行业业务内容比较繁杂、产业链条存在很大差异、客户层次和需求不同等都有着直接的关系。甚至在某些极端情况下，发行人的某些业务可能存在毛利率为负数的情形。但就算是这种看起来不赚钱的业务，在商业实践中也有其必然的合理性。

案例6 原尚股份（代码：603813）发审会问询问题

请发行人代表进一步说明：（1）发行人运输业务基本运价的确定机制，报告期是否严格执行；（2）类似线路的运价显著高于可比公司北京长久物流股份有限公司（以下简称长久物流）的原因和合理性；（3）结合业务类别、主要客户、业务量、运输单价、单位成本构成、外协采购单价、市场竞争及自身优势等情况，进一步说明综合业务毛利率高于长久物流且变动趋势不一致的原因和合理性，成本费用是否真实、准确、完整入账，是否存在利益输送和其他的特殊利益安排，相关的风险是否充分揭示。请保荐代表人发表核查意见。

附：公开披露信息

报告期内，发行人综合物流服务与同行业上市公司毛利率如表 8－3 所示：

表 8－3　报告期内发行人综合物流服务与同行业上市公司毛利率

公司名称	2016 年	2015 年	2014 年
长安民生	8.05%	12.82%	11.98%
长久物流	13.59%	16.09%	15.72%
原尚物流	26.99%	26.72%	28.37%

发行人综合物流服务毛利率高于同行业上市公司，主要是汽车物流细分行业毛利率存在差异。一般而言，零部件采购物流毛利率相对较高，整车物流毛利率相对较低。报告期内，发行人主营业务为汽车零部件采购物流，同行业上市公司长安民生和长久物流业务中整车物流占比最高，零部件采购物流占比很低，因而发行人物流业务毛利率高于同行业上市公司。

小兵评析 ▶

发行人的毛利率远高于同行业可比上市公司的毛利率，甚至是其三倍以上，这显然是不同的公司提供的服务不同所导致的，这也确实是物流行业非常特殊的一个情形。

案例 7　中创物流（代码：603967）发审会问询问题

请发行人代表说明：(1) 发行人各板块业务毛利率及其变化趋势是否与同行业可比公司一致；(2) 沿海运输板块毛利率高于同行业可比公司的原因及合理性；(3) 场站板块、船舶代理板块业务毛利率上升的原因及合理性；(4) 发行人期间费用率低于同行业可比上市公司的原因及合理性。请保荐代表人说明核查依据、过程并发表明确核查意见。

附：公开披露信息

报告期内，公司分业务板块毛利率情况如表 8－4 所示：

表 8－4　报告期内公司分业务板块毛利率情况

单位：万元

项目		2017 年	2016 年	2015 年
货运代理	营业收入	294, 500. 07	217, 704. 57	208, 321. 35
	营业成本	287, 676. 53	212, 364. 66	203, 490. 01
	毛利	6823. 53	5339. 91	4831. 34
	毛利率	2. 32%	2. 45%	2. 32%
场站	营业收入	64, 427. 22	58, 847. 43	52, 278. 68
	营业成本	50, 010. 64	46, 698. 38	40, 796. 14
	毛利	14, 416. 58	12, 149. 05	11, 482. 54
	毛利率	22. 38%	20. 64%	21. 96%
船舶代理	营业收入	54, 515. 50	49, 951. 32	48, 592. 79
	营业成本	45, 974. 25	42, 382. 63	41, 841. 67
	毛利	8541. 25	7568. 69	6751. 12
	毛利率	15. 67%	15. 15%	13. 89%
沿海运输	营业收入	17, 544. 85	17, 181. 38	18, 018. 94
	营业成本	14, 404. 31	13, 040. 60	13, 912. 73
	毛利	3140. 54	4140. 78	4106. 21
	毛利率	17. 90%	24. 10%	22. 79%

续表

项目		2017 年	2016 年	2015 年
项目大件物流	营业收入	13, 491. 11	17, 209. 11	19, 399. 51
	营业成本	11, 438. 63	14, 107. 26	16, 348. 32
	毛利	2052. 48	3101. 84	3051. 19
	毛利率	15. 21%	18. 02%	15. 73%

小兵评析 ▶

本案例发行人业务内容非常多，且差异非常大，因而公司内部不同业务板块的毛利率差异也非常大。具体来看，最高毛利率要超过 20%，而货运代理业务的毛利率则只有 2% 左右。

五、关联交易

从 IPO 审核的角度来说，关联交易问题无论是从性质、金额还是发展趋势来看，其实都没有明显的行业特征。换句话说，任何一个行业都会存在关联交易，毕竟关联交易的存在主要跟股权结构相关。在这个部分，主要是跟大家分享物流行业涉及关联交易的两个比较典型的情形，这样可以帮助我们更好地理解关联交易，也更好地理解物流行业。

案例 8　上海雅仕（代码：603329）发审会问询问题

请发行人代表进一步说明：（1）报告期发行人与云南祥丰化肥股份有限公司、云南天马物流有限公司、连云港港口集团有限公司等关联方之间持续发生采购和销售关联交易的真实性、必要性、合理性和可持续性，关联交易的定价机制，交易价格是否公允；（2）发行人各业务项下经常性关联交易的金额，占该类业务收入、成本和毛利的比例，发行人营业收入、净利润对关联方是否存在重大依赖，发行人关联交易毛利率与非关联同类交易毛利率是否存在重大差异，是否存在利益输送和特殊利益安排；（3）规范和减少关联交易的措施；（4）相关风险揭示是否充分。请保荐代表人发表核查意见。

小兵评析 ▶

发行人的主营业务是做物流的，说得专业一点，就是为大型企业进行供应链服务管理以及贸易服务。说得直白一些，就是替客户处理运货、报关、质检等零碎业务，必要的时候还帮客户采购原材料和销售商品。

发行人的关联交易问题，是 IPO 案例中比较典型的。发行人同时存在采购和销售的关联交易，报告期最近一年 2016 年关联采购占营业成本的比例合计为 7% 以上，关联销售占营业收入的比例合计为 28% 以上，并且关联销售占关联方销售收入的比重有的高达 80% 以上。结合以上因素，发行人关联交易占比报告期内持续增加、关联交易两个类型相加占比已经超过了 30% 的红线、关联交易在关联方占比超过 80%，发行人关联交易属于比较典型且需要重点关注的问题。

小兵以前经常讲到，关联交易的公允性通过解释一般都不会成问题，倒是必要性在解释的时候往往会陷入悖论。如果关联交易对于发行人来说是必需的，表明发行人对关联交易存在依赖；如果关联交易对于发行人来说可有可无，那么，为什么不及时取消关联交易。具体到本案例的发行人，关联交易的必要性也成为监管机构关注的重点，发行人重点解释了关联交易的必要性。

发行人的关联交易确实有一定的历史背景和商业合作的合理性，就是发行人与客户长期合作建立了很好的合作关系。为了加强合作，发行人与客户合资设立了公司来进行业务合作，因而认定发行人与这些客户存在关联关系。此外，由于港口具有垄断性质，发行人发生关联交易也符合行业的特点。这样的解释基本上还是得到了监管机构的认可。值得注意的一点是，发行人与客户建立合资公司确实有很长的历史，有的是在 2005 年设立，关联交易也算是经过历史考验了。

案例 9　天元股份（代码：003003）2018 年上会被否发审会问询问题

2015 年至 2016 年，韵达货运实际控制人的母亲陈美香及德邦投资分别认购发行人增资发行的股份。

请发行人代表说明：(1) 上述增资入股后向韵达货运及德邦物流销售产品的综合毛利率持续下降，且 2017 年1—9 月显著低于同期向全部客户销售综合毛利率的原因；(2) 向韵达货运及德邦物流销售价格的定价政策及其公允性，陈美香及德邦投资增资入股时是否存在与业务合作相关的协议；(3) 2016 年、2017 年 1—9 月，同一标准的标签产品向韵达货运与百世物流销售单价差异较大的原因及合理性。请保荐代表人说明核查的方法、过程，并发表明确核查意见。

小兵评析 ▶

我们对发行人的产品实在是太熟悉了，只要收过快递就自然理解发行人的产品。发行人的产品包括快递几乎所有需要的物料（纸箱除外），如胶带、标签、封套等。发行人的业务很简单，其客户主要就是国内知名的快递公司，其中顺丰就是发行人的第一大客户。

从基本的规则来讲，发行人吸收长期稳定的客户作为自己的小股东，并不是什么不可接受的事情，只要入股价格公允，只要入股前后发行人与这些客户的交易没有发生重大变化。

具体到本案例的一些处理，说实话真的算是项目组的一个失误，处理得并不是很到位，小兵觉得甚至是犯了比较低级的错误。其具体体现在：(1) 德邦物流用下属全资子公司来入股发行人没有问题，韵达快递为什么要用实际控制人母亲的名义来入股呢？是为了规避关联方的认定吗？果真如此那就有点此地无银三百两了。（2）入股之后如果发行人销售毛利率提高了，尽管需要去解释但也有合理之处，但毛利率比别人还低是什么原因呢？这容易令人质疑是否有其他的一些利益安排。（3）同一种具体规格的产品，为什么发行人销售给韵达快递的价格跟其他客户的价格相比存在较大的差异呢？这个在实践中可能也存在一些合理性，如交货期、特殊要求等，但是，在这样的差异下，入股行为也被无限放大了。

六、收入确认

我们讨论物流行业的收入确认方式，是一件非常有意思的事情。因为在 IPO 审核过程中，我们发现大多数发行人收入确认的具体规则，跟产品的物流信息直接相关。从财务核查的角度来说，我们也非常关注物流以及资金流的相互匹配。

具体到物流行业的收入确认原则，前面我们提到，因为物流行业业务内容比较多，具体操作模式也比较复杂，所以也会涉及不同的业务对应不同的收入确认方法。同时，物流行业也会存在净额法确认收入、总额法确认收入、融资租赁业务收入确认、保理业务收入确认等特殊的情形。

案例 10　德邦股份（代码：603056）发审会问询问题

招股说明书披露，发行人及其子公司主营业务为提供普通货运、货运代理、国内快递、仓储等综合物流服务，此外还涉及少量小额贷款业务、保理（非银行金融类）业务。综合物流服务收入包括普通货运、货运代理、国内快递、仓储等。在提供的劳务已经完成，相关的收入和成本能够可靠地计量、与劳务相关的经济利益很可能流入本公司时，确认劳务收入的实现。客户贷款和垫款业务的利息收入按实际期间确认为当期利息收入，并采用实际利率法确认。本公司目前从事的保理业务全部为有追索权的保理，即客户根据购销合同以及相关协议，将符合条件且经本公司认可的应收账款债权转让本公司，取得短期贸易融资，应收账款催收管理服务按购买应收账款债权所支付的金额计入应收保理款。

请发行人：(1) 按照上述业务类型补充披露报告期各期的收入构成，并对变化情况进行合理性分析；(2) 补充披露各类业务的业务流程、结算政策、主要信用政策、关键节点会计处理，并说明是否符合《企业会计准则》的规定；(3) 补充披露各类业务收入确认时点及其所取得的凭据，并说明是否符合《企业会计准则》的规定；(4) 补充披露对代收货款服务部分的关键会计处理，并说明是否符合《企业会计准则》的规定。请保荐机构、会计师说明核查过程、方法和结论，并发表明确意见。

小兵评析 ▶

这个案例发行人业务内容非常复杂，不同的业务有着不同的要求，也会对应不同的收入确认方式。从项目的角度来说，需要把握每种业务的经营本质和具体的合作流程，从而明确收入确认的标准和方式。

案例 11　中创物流（代码：603967）发审会问询问题

招股说明书分别披露了各类业务形式下的具体收入确认原则。

请发行人：(1) 补充说明各类业务形式收入确认的具体流程、所需取得的凭证、收入确认的时点，结合相关合同协议的主要条款说明在收入确认时点相关经济利益是否很可能流入企业；(2) 将公司的收入确认方式与同行业可比公司进行比较，并说明可能存在的差异情况及原因；

（3）结合合同条款及交易实质，说明发行人代理性质业务收入按照总额法还是净额法列示，并说明原因；（4）说明销售业务中对于提供服务质量保证的约定、对索赔情况的约定情况，以及对收入确认方式的影响，说明相关报告期内发生索赔的情况；（5）结合合同中关于结算方式的约定，说明服务结算与会计收入确认时间的差异，说明如何保证税务申报及时准确，说明是否存在会计收入跨期确认的情况；（6）说明与项目大件物流运用完工百分比法确认收入的具体方式；（7）结合公司原始报表与申报报表差异中的收入跨期调整情况，说明各单位与确保收入确认真实、准确、完整相关的内部控制制度建立健全情况、系统设计和执行的有效性。请保荐机构、会计师对以上情况进行核查，说明核查过程、方法和结论，并发表明确意见。

小兵评析 ▶

这个案例关注到的关于收入确认的一些特殊情形包括收入确认是否取得合理的充足的依据、收入确认是否采取了准确的方式、是否存在跨期确认收入的情形。此外，这个案例还关注到了净额法和总额法的确认问题，以及不同的客户信用账期的问题等。

七、其他情形

对于物流企业来说，还有两个非常突出的特点就是土地房产多以及员工多，这是显而易见的，毕竟物流企业需要仓库厂房堆放物品，同时需要数量很多的快递小哥和搬运师傅。从 IPO 审核的角度来说，土地房产的瑕疵、用工合规性问题，以及相关的社保和公积金问题也会引起重点关注。当然，以上问题在 IPO 审核实践中已经非常普遍也没有什么争议了，这里简单地跟大家提示一下。

1. 土地房产瑕疵

案例 12　广州港（代码：601228）反馈意见

招股说明书披露，发行人及控股子公司拥有房屋 444 处，其中 115 处房屋尚未取得房屋权属证书，占发行人房产总面积的 41%。115 处房产中，38 处合计 11.7 万平方米的房产已经完成竣工验收备案手续，正在办理房屋权属证书，其他 77 处约 38 万平方米的房产主要因当时未按规定取得所需立项、规划、竣工验收等文件，现已无法办理房屋权属证明，包括一处约 12 万平方米的房产。请保荐机构和发行人律师核查并披露发行人拥有的全部房产以及承租房产的具体情况；上述 12 万平方米房产的具体用途，未取得权属证书的原因，权属证书办理进展情况；发行人未取得房屋权属证明的房产是否属于违章建筑，是否存在被拆除的风险，是否存在遭受主管部门行政处罚的风险，是否属于重大违法违规行为；发行人租赁房产是否均已获得房屋权属证书，是否已履行相应的租赁合同备案手续，是否存在纠纷。

招股说明书披露，发行人自有土地 52 宗，承租土地 9 宗，其中一宗面积约 4.6 万平方米的土地系向广州港集团承租，该土地属于划拨用地。请保荐机构和发行人律师核查并披露发行人自有和租赁的全部土地使用权的具体情况，是否均取得土地使用权证书，该宗 4.6 万平方米土地的具体用途，该租赁行为是否违反相关土地管理法律法规的规定，是否存在遭受主管部门行政处罚的风险，是否属于重大违法违规行为。

小兵评析 ▶

这个案例淋漓尽致地体现了审核中对物流企业房产和土地的关注。发行人土地房产的面积规模很大，同时也存在自有房产和租赁房产部分缺少权属证书，或者租赁协议没有备案等常见的情形。此外，发行人还存在使用划拨用地的问题。

2. 用工及社保公积金问题

案例 13 德邦股份（代码：603056）发审会问询问题

发行人招股说明书披露了总部及各子公司为员工缴纳了五险一金的具体情况，发行人总部及各子公司的五险一金单位缴费比例不一致，且相同省份也存在不一致的情形。

请发行人代表说明：（1）发行人目前执行的五险一金单位缴费比例是否符合相关法律法规的规定，是否损害发行人员工利益；（2）未缴纳情况对发行人经营业绩的影响，对本次发行是否构成障碍。请保荐代表人说明核查过程和依据，并明确发表核查意见。

附：反馈意见

招股说明书披露，2013 年年末、2014 年年末、2015 年年末及 2016 年 6 月末，公司通过劳务派遣方式招募的用工分别为 37,936 人、16,485 人、9939 人和 8291 人，占总用工人数比例分别为 61.24%、23.89%、11.67%和 8.91%。请补充披露公司对快递业务的员工管理情况及用工等方面的规范性劳务派遣的具体使用情况。请保荐机构、发行人律师核查披露发行人及其子公司劳务派遣用工的整体情况，包括劳务派遣用工比例、劳务派遣单位资质及劳务派遣人员的社保缴费情况等，并说明是否符合我国劳务派遣相关法律法规的规定。

小兵评析 ▶

这个案例涉及发行人劳务派遣比例非常高，是否影响业务合规性的问题。同时，审核机构也关注到员工的社保和公积金是否均能够足额缴纳，如果没有缴纳是否合理，是否存在纠纷或潜在纠纷。

第九章

母婴零售行业 IPO 审核要点*

Chapter 9

* 原文作者：李小哈，根据体系有改动。

A 股市场纯粹的母婴上市企业并不多，大部分涉及母婴行业的企业均为某一领域的专业化企业，母婴产品在其产品谱系中占据一定份额，譬如乳制品企业生产奶粉，服装企业生产童装，零售企业设有母婴专区等；而专业从事母婴行业的上市公司仅有贝因美（002570. SZ）和爱婴室（603214. SH）等少数几家，其中贝因美专注于婴幼儿食品的生产销售，爱婴室专注于母婴用品零售。

目前，我国的母婴商品零售行业主要业务模式有融合线上业务的母婴连锁专卖店、商超/百货里的母婴商品专区、综合电商平台上的母婴专区/品牌店、母婴垂直电商、母婴个体经营店。母婴零售行业具备零售行业的基本特点，但又因零售产品的特殊性而具备显著的个性化特点，如店面布局要贴近居住核心区域，对采购产品的质量要求十分严格，流通过程中产品质量安全相关内控严密，以及单个客户零售金额不高且客户流动性较大等特点。

母婴零售企业在 IPO 审核过程中，一般会从产品质量安全管理、知识产权管理、线下门店管理、线上销售、促销推广活动，以及消费积分/收费会员和会员消费等方面予以关注。同时，由于母婴流通企业中已在 A 股上市的仅有爱婴室一家，孩子王儿童用品股份有限公司正在创业板审核注册过程中，下面针对审核要点的分析均以爱婴室和孩子王申请文件反馈意见和发审委问题为基础。另有广东宝贝儿婴童用品股份有限公司和上海十月妈咪网络股份有限公司两家申报母婴企业，由于其均不是单纯的母婴零售企业，因此仅参考部分与零售相关的内容。

尽管母婴行业本身已经上市的公司并不是很多，IPO 审核的经验和关注问题尚没有完整的体系，但母婴行业在很多行业都有渗透，且在经营模式方面的关注要点对于其他行业也很有借鉴意义。

一、产品质量安全管理

婴童消费品的主要消费特点是“代位消费”，产品的购买主体和消费主体分离。未来进入生育高峰期的年轻父母大多为出生于20世纪80年代以后的独生子女，普遍受过良好的教育，收入水平及购买力比上一代人有较大的提高，且更注重“优生优育”的育儿理念。为了保证婴童的健康成长，具有一定消费实力的家庭首要考虑产品的安全性，倾向于选购质量有保证、口碑较好的品牌产品。三聚氰胺毒奶粉等事件，严重打击了国人对母婴产品质量的信心，促使整个社会对母婴产品的质量要求不断提高，对质量安全问题的容忍度极低。因此，产品质量安全是母婴行业的生命线。

母婴零售企业虽然自身不生产母婴用品，无须取得母婴用品相关生产认证或许可，但是母婴零售企业需要取得相关产品流通的相关资质许可，如食品经营（流通）许可证、道路运输经营许可证、医疗器械经营备案等手续。

案例1 爱婴室（代码：603214）反馈意见

请保荐机构、发行人律师核查并披露：（1）发行人是否已取得生产经营所必需的全部许可、资质、认证、备案，产品是否取得了全部必需的审批、备案文件，是否在有效期，是否满足所必需的国家、行业及地方标准规范，相关具体情况，是否合法有效；（2）发行人是否存在境外经营，是否满足相关市场的资质、认证、标准规范等要求；（3）发行人是否严格按照国家相关资质许可、认证、备案及质量标准要求开展业务。请保荐机构、发行人律师就发行人上述情况是否符合相关法律法规规定发表明确核查意见。

小兵评析 ▶

根据国家相关规定，销售预包装食品、乳制品需取得食品流通/经营许可，销售第二类医疗器械需要进行备案。母婴零售企业在经营相关业务时，应及时取得相关许可或到有权机关备案，确保自身的经营活动所需资质均已完备，这是最基础的要求，当然也是 IPO 审核的底线和红线。

案例 2 上海十月妈咪网络股份有限公司（未上会）反馈意见

请保荐机构和发行人律师核查：（1）发行人委托的化妆品生产企业是否均获得《化妆品生产企业卫生许可证》等生产资质，是否存在有效期届满需要续期的情况；（2）发行人产品是否符合《婴幼儿及儿童纺织产品安全技术规范》的规定，报告期内是否存在产品质量等纠纷，是否可能因此承担相关法律责任。请保荐机构和发行人律师发表核查意见。

小兵评析 ▶

国家对于婴幼儿相关食品、洗护用品的管理十分严格，无论是生产还是销售，均需取得相关许可证或取得有关部门的备案。例如，婴童服饰棉品采用服饰行业 A 类标准，生产化妆品或部分婴幼儿洗护用品的企业需要取得《化妆品生产许可证》。同时，2015 年 5 月，国家标准化管理委员会批准发布了强制性国家标准 GB 31701—2015《婴幼儿及儿童纺织产品安全技术规范》；根据《国产非特殊用途化妆品备案管理办法》（国食药监许〔2011〕181 号）（已失效）的规定，部分婴童洗护用品属于非特殊用途化妆品，需向食品药品监督管理机构报送备案。此外，母婴零售企业在取得相关资质的基础上，还需要建立产品质量安全管理制度，通过全流程的产品质量安全管理，来确保自己零售产品质量的安全性和合规性。

案例3 爱婴室（代码：603214）反馈意见

请保荐机构、发行人律师核查并披露发行人采购、销售等业务流程中的产品质量安全管理制度，是否有效执行，发行人产品服务质量安全取得相关认证认可及所执行质量标准规范的情况，是否符合国家、行业及地方相关规定，服务场所有毒有害物质含量是否超标，是否发生产品和服务质量安全事故、纠纷、诉讼，是否因产品和服务质量安全问题受到主管部门处罚、调查或媒体报道。

附：公开披露信息

关于发行人采购、销售等业务流程中的产品质量安全管理制度及有效执行情况的说明：

1. 供应商甄选

在与供应商签署商品采购合同前须首先获取并审核供应商营业执照、生产许可证、组织机构代码证、食品流通许可证、中国国家强制性产品认证证书、商品执行标准、商品批次检验报告、商品样品等，并验明商品合格证明和包装标识，判断供应商是否具备相应资质及商品质量、包装等是否符合法律法规的规定。

发行人有权对供应商的生产场地进行检查以确保生产过程符合要求，检查内容包括但不限于企业基本条件、管理职责、人员要求、生产设备、技术文件、环境设施、质量控制、质量检验、服务九个方面，供应商应给予一切必要的配合。如不配合进行检查或检查不合格，发行人有权要求进行整改、暂停或解除商品购销合同。

2. 商品入库检验

对于供应商每批到货商品，由发行人采购、仓库验收人员验证供应商每批次检验报告等，验证项目包括品名、生产日期、供应商信息、标签标识等，只有检验合格的产品，方能入库。

3. 仓库存储

各类商品分库存放；仓储环境要求通风、干燥、清洁、避免阳光直射；库房内严禁烟火，不得存放有毒、有害、易燃、易爆等物品；库房卫生状况保持良好，防尘、防鼠、防虫，货物离墙、离地摆放；建立入库、出库商品登记制度，货物做到先进先出；对库存商品进行定期和不定期检验。

4. 商品运输管理

对供应商和发行人的运输车辆，要求卫生状况良好，干净清洁、无异味；运输车辆需防晒防雨；不得和有毒有害刺激性化学物品一起运输；搬运时，须轻拿轻放。仓库验收人员、门店在入库检验时，关注商品的运输条件，发现严重不符合质量标准的产品，一律拒收。

5. 门店商品检查

门店员工每天根据销售情况进行较高频率的定期货架整理；严格按先进先出原则要求进行商品陈列，尽可能地减少临期商品的产生，并确保无过期商品陈列在货架上；实行全员商品质量检查制度，严格要求员工在理货时要认真对商品的外观、感观、包装等进行相关的检查，以确保商品质量安全。门店区域店长对门店服务、商品质量管理进行定期或不定期检查，检查项目包括商品保质期、商品陈列保管、门店环境卫生、员工个人卫生、商品库存合理性、法律法规检查（营业执照、经营许可证经营范围及有效期等）等，巡检结果作为门店员工的绩效考评依据之一。工商、卫生行政主管部门不定期对门店进行检查，对产品质量、卫生情况进行检验。

6. 不合格产品召回

在门店巡检、主管行政机关抽检、相关各方反馈时，若发现批量性问题产品时，启动产品召回程序。因商品存在不安全因素（如食品添加剂不符合国家规定或其他危害人体健康等因素的）召回的产品，不再退回供应商处理，数量核实后，公司将联合商品部、仓储部、财务部、供应商进行销毁。

7. 发生产品质量安全问题时与供应商的责任追究

如供应商所供产品存在质量安全问题，对于未收货产品，发行人有权拒收；对于已收货产品，发行人有权采取下架、清场、退货、依法销毁等措施处理该批产品，还可要求供应商支付违约金。

在政府行政部门对市场产品监督抽查中，如被行政执法机构判定为不合格产品、假冒、伪劣产品或出现其他问题的，供应商应负担发行人因此遭受的损失。

供应商因违反国家法律、行政法规及相关政策规定及双方约定，而侵犯消费者的人身与财产安全、知情权，消费者因购买、使用供应商提供的商品受到人身、财产以及其他合法权益损害而向发行人要求赔偿的，发行人有权向供应商追偿；如对消费者构成欺诈，供应商还需向发行人支付赔偿金。

小兵评析 ▶

产品和服务的质量是零售企业赖以生存和发展的首要条件，但是母婴零售企业需要做的更多，在确保自身服务合法合规之外，还需要通过甄别、筛选，确定供应商具备相关生产资质，采购的商品质量得到保障，产品流通全过程质量安全管理制度得到有效执行，这样才能确保最终到达消费者手中的产品质量有保障。上述所有环节中，最核心的在于供应商的甄别，从正规厂商处采购的商品质量安全一般会得到保障；同时，由于奶粉等产品的有效期问题，仓储、门店的日常巡查、检查也很重要。

母婴零售企业在制定完备的产品质量安全管理制度之后，核心问题就变为制度的执行和落实问题，这也是企业内部控制的一部分。若相关制度落实不到位，则容易遭到政府相关执法部门的行政处罚。

二、知识产权管理

由于婴幼儿对世界的认知方式较为敏感，母婴零售企业可能通过使用各种卡通形象、图形吸引婴幼儿的注意力，促进销售额度增加。母婴零售企业在使用相关形象、肖像、图案标识时，应当取得其所有权或授权许可，否则可能出现侵犯知识产权的问题。

案例4 **广东宝贝儿婴童用品股份有限公司（未上会）反馈意见**

请保荐机构、发行人律师核查并披露：（1）发行人生产经营中是否使用到相关的卡通形象、人物肖像、设计图案等标识，是否已取得相关知识产权等权属，是否存在仿冒他人产品、盗用他人知识产权的行为，是否存在知识产权侵权、纠纷、诉讼；……（4）招股书中发行人知识产权披露是否真实、完整，是否均在有效期内；（5）发行人知识产权是否存在权属瑕疵、纠纷，是否已全部取得其产品所需知识产权，是否存在知识产权侵权或纠纷情形。

小兵评析 ▶

母婴零售企业基于市场调研分析消费者偏好、确定符合市场需求趋势的待开发商品，遴选合适的生产厂商共同设计、开发及委托生产，并以自有品牌对外销售的现象，与商超零售巨头开发自有品牌产品的策略如出一辙。但是，母婴零售市场与普通商超百货的不同之处在于消费者对品牌认知度、忠诚度较高，同时我国母婴零售市场集中度尚未达到很高程度，均为区域性品牌。这就造成母婴零售企业当前开发的自有产品需要使用当前的热门卡通形象等，在使用前需要取得品牌方的授权，确保合法使用相关品牌形象。例如，该公司使用了《爸爸去哪儿2》中的卡通形象，已获得湖南金鹰卡通有限公司授权使用《爸爸去哪儿2》中卡通形象的相关许可。

三、线下门店管理

与商场百货、超市/大卖场等业态相比，母婴商品的专卖连锁渠道受益于母婴用品品类齐全、货品质量有保障、专业化服务等渠道优势，在整体母婴零售行业中扮演着越来越重要的角色。连锁母婴零售渠道是连接母婴商品品牌商和消费者之间的纽带。消费者对母婴商品的安全性要求很高，母婴商品质量是消费者进行母婴商品购买决策的核心因素之一。由于产品质量易引发信任危机这一特性，连锁母婴零售店的多区域多门店的连锁运营模式，较容易取得消费者的品牌信任，由此成为需求拉动因素，并取得了快速发展。

由于我国区域经济、城市规模和城市经济差异较大，因而对母婴商品连锁零售企业的吸引力也有较大差异。从区域经济差异看，母婴商品零售行业发达的地区集中在以北京为代表的环渤海经济圈、以上海为代表的长三角经济区和以广州为代表的珠江三角洲地区。国内大型母婴商品连锁零售企业都在依托主要城市，通过在多个区域建立分公司和连锁经营的方式逐步拓展地理覆盖范围，致力于发展成为专业的母婴商品零售商巨头。但大幅跨区域经营对企业的供应链管理能力要求较高，且存在地区消费偏好的差异以及当地的竞争企业。外地企业若要进入当地市场，需要具备较强的综合经营能力，因而目前母婴商品连锁零售企业的经营还呈现较为明显的区域性特点。

虽然近年来电子商务发展迅速，但婴童用品消费具有“代位消费”的特点，即产品购买主体与产品实际使用主体分离，同时消费者（产品购买主体）较为关注婴童消费品的安全性、舒适性和功能性，亦更信赖质量和口碑好的知名品牌，导致线下渠道仍是目前婴童消费品的主要销售渠道。

母婴零售企业由于存在较大数量的直营门店，线下门店管理成为审核关注的一个主要问题。一方面，门店存在店铺调整的问题，每年关闭与新开店铺均有一定的数量，新开门店的铺货导致存货数量快速上升；另一方面，各门店的客户均为单个家庭，消费金额不大、无须开具发票且存在大量现金支付，这对于门店的管理提出了更高的要求，也是 IPO 审核中关注的重要问题。

案例 5　爱婴室（代码：603214）反馈意见

报告期内，发行人直营门店销售占总销售额的 90% 以上，关闭门店 43 家，新开门店 97 家。

请发行人代表说明：(1) 各期新增或减少直营门店、电商渠道的变化原因，结合线上、线下销售优劣说明各期电商渠道销售收入下降的合理性，发行人应对互联网销售冲击所采取的措施；(2) 报告期直营门店每平米销售收入的变化情况，是否与发行人经营情况一致；(3) 关闭门店相关费用的核算方法及对报告期资产状况和经营成果的影响。请保荐代表人说明核查过程、依据，并发表明确核查意见。

招股说明书披露，发行人主要的销售模式分为直营门店销售和电子商务销售两大类。报告期内，直营门店的销售约占公司总销售额的 90% 以上。请发行人：(1) 按区域补充披露报告期各期直营店单店收入情况，并结合门店数量、单店收入等补充分析并说明报告期各期营业收入及各类产品收入的变动原因和合理性；(2) 补充披露报告期各期公司新开门店和关闭门店情况及原因，新开店相关费用支出情况及会计核算方法、经营状况及盈利情况，包括存货、营业收入、毛利率、销售金额和销售费用等，并与老门店同期财务数据进行比较，分析说明新门店经营业绩的合理性；(3) 补充披露公司对直营门店的具体管理方法和措施，包括收入确认方法、存货确认等，各种结算模式下收入确认的具体方法、时点和依据；(4) 结合直营门店较多、现金销售占比较高的特点，补充披露发行人确保收入、费用、存货等核算真实、准确所采取的措施及其实际效果。请保荐机构和会计师详细核查上述情况，说明核查过程、方法、比例和结论，并发表明确意见。

小兵评析 ▶

该问题通过多维度对直营门店的经营状况进行分析，进一步核实并交叉比对、印证单店经营状况的真实性，以及是否存在通过新开或关闭门店调整收入及利润的情况，通过分区域单店收入、分品类营业收入、新老店收入对比交叉复核业绩的真实性，通过说明直营门店的管理方法措施来印证财务核算的真实性。此种分析的难度在于企业按照分店铺、分品种等整理相关经营、财务数据，这对企业日常经营的信息化程度和财务核算的精确化提出很高的要求，同时中介机构的核查工作量也较大。

案例6 爱婴室（代码：603214）反馈意见

招股说明书披露，在直营门店销售结算方式包括现金支付、银行系统支付和第三方平台支付，现金支付方式占比分别为40.79%、39.85%、36.97%和32.92%。请发行人补充披露报告期销售中无发票、以内部凭证作为会计核算原始凭证的金额及比例，现金交易相关内部控制制度及执行情况。请保荐机构和会计师补充说明针对现金交易履行的核查及审计程序，并说明核查过程和结论，明确发表核查意见。

报告期内，发行人现金收款比例和未开票收入占比较高。

请发行人代表说明：(1) 现金收款结算与未开票销售是否真实可靠，发行人相关内控制度是否健全并有效运行；(2) 略。

附：公开披露信息

现金交易相关内部控制制度及执行情况：

1. 现金收款管理制度

公司直营门店日常经营中，消费者通常采取POS机刷卡结算（银行系统支付）、现金支付及第三方平台支付。消费者付款时若选择现金支付，则：

(1) 门店收银员在视频监控系统下收款，收款时需在收银机上选择付款方式为“现金”，并进行收银操作。

（2）收银员在收银机上操作后，富基门店 POS 系统会将收银机中销售记录传递至富基总部系统；每天营业结束后，富基总部系统会自动形成销售日报，同时，将每日销售信息经由富基中台系统传输至 SAP 系统，SAP 系统会根据当日销售情况自动生成销售凭证。

（3）每天营业结束，由门店负责人和收银员交叉清点库存现金后，封存放入保险箱，并做记录；次日开店前，交接的另一班次的营业人员再次清点库存现金，并在交接表上签字确认。

（4）所有门店当日营业款必须在次日上午（节假日视对公银行营业情况顺延）由门店负责人安排人员到公司指定的银行存入公司开立的银行账户，并填写现金解款单，由银行盖章确认后，留存银行回单备查；任何人不得将现金收款存入公司以外的账户。

（5）财务人员自公司销售管理系统中导出各门店上传的销售日报表，将销售日报表中记录的现金支付、银行系统支付和第三方平台支付金额，分别与公司银行账户收款明细、销售管理系统记录的销售收入核对一致后，通过财务管理系统进行相应的财务处理。

发行人已经建立了与现金交易相关的信息系统，包括富基 POS 系统、富基中台系统、富基总部系统和 SAP 系统。信息系统相关的内部控制主要体现在以下两个方面：一是应用程序控制，主要为收银员在收银机上操作后，SAP 系统自动根据销货数量和价格生成收入确认凭证；二是依赖 IT 的手动控制，主要为财务人员从富基总部系统中导出各门店的销售日报表，将销售日报表中记录的现金支付、银行系统支付和第三方平台支付金额，分别与公司银行账户收款明细、销售管理系统记录的销售收入核对一致。

发行人通过上述信息系统相关内控控制制度的建立和执行，可以为公司收入确认的真实、准确、完整提供保障。

2. 现金支出管理流程

除公司个别部门和门店收银找零及支付小额费用领取少量备用金外，发行人员工工资以及其他费用的支付均需通过银行转账方式进行。申请领取备用金时，相关人员需填写备用金申请表，并经部门负责人、门店负责人、门店营运部负责人及财务部门负责人员签字后领取。每家门店领取备用金的限额为2500.00元（包括找零备用金和小额费用备用金）。

小兵评析 ▶

零售企业日常管理中一个无法避免的问题就是现金交易的管理。虽然随着微信、支付宝的普及，日常生活中无现金交易的比例已经快速提升，但是社会零售企业中现金支付仍然会长期保持一定的比例，建立现金交易的内控制度并严格执行，是对每一个拟上市企业的必然考验。母婴零售企业所处行业和售卖产品的特点决定了其客户的零散性，客户无须开具发票，且部分客户存在现金支付的习惯。虽然现金支付的比例已经持续下降，但是其仍有三分之一左右，因而加强现金收款管理，是每一个零售企业必须迈过去的坎儿。

案例7 爱婴室（代码：603214）反馈意见

发行人报告期各期末存货余额逐年提高，占流动资产比重分别为69.62%、70.29%、67.42%和65.00%，高于同期同行业可比上市公司，商品库存全部为买断方式。

请发行人代表：(1) 结合各类存货周转周期和门店数量，说明目前存货余额较高和单店存货余额逐年增长的原因及合理性；(2) 说明直营门店的库存与最终销售情况，发行人对直营门店销售产品对账单与实际销售情况一致性核验的内控措施安排及是否有效执行，营销费用分摊如何约定；(3) 说明是否存在存货积压、产品质量不合格、销售退回等情形，存货跌价准备计提是否充分、准确、合理。请保荐代表人说明核查过程、依据，并发表明确核查意见。

小兵评析 ▶

母婴流通企业主要以直营方式组织销售，与加盟店备货由加盟商承担不同，直营门店需要公司自身保持充足的总仓及门店备货，故期末存货水平相对较高。此外，每年净增门店数量、春节假期的备货、零售货品的种类等也会对期末存货金额造成较大影响。

对于连锁经营企业来说，增加直营店耗费自身资金、开店速度慢，但是管控力度强；通过加盟开店节约资金、开店速度快，但是管理难度大。一般企业在发展初期受自身资金因素的影响，倾向于开加盟店。但是，随着企业发展壮大，对经营效率、品牌形象的要求不断提高，会增加直营店的数量。母婴零售企业由于产品的特殊性，直营店数量较大，易造成存货金额较大。

四、线上销售

目前，连锁母婴专营店已经成为母婴商品零售市场的重要业态之一。随着移动互联网的快速发展，部分头部母婴连锁专营店纷纷布局线上渠道业务，迅速开辟线上销售市场，如借助 App、微商城小程序、门店到家小程序等电商入口平台，形成线上、线下全渠道融合的经营模式，迎来市场发展新商机。

若是母婴生产企业，通过线上渠道实现的网络销售主要包括两种方式：向大型电子商务平台（如唯品会、京东等）直接供货，或者在大型电子商务平台（如天猫、淘宝等）设立网络直营店进行产品销售。

消费者对母婴产品质量的高度敏感性，决定了母婴产品不可能与其他产品一样通过电子商务渠道大量销售，现场体验的直接观感、亲自带走商品的可靠感以及实体渠道产品质量的可信赖性意味着母婴产品主要依赖实体渠道流通。但是，母婴产品的实体流通渠道与电子商务也不是此消彼长的关系，消费者在实体店采购商品后，一个很大的需求是通过网络沟通消费体验、交流育儿经验，零售商的官方 APP、微信公众号、官方商城等可以作为实体零售渠道的一个有益补充和推广手段，二者相得益彰。

案例 8 爱婴室（代码：603214）反馈意见

招股说明书披露，发行人电子商务销售业务占比分别为 4.73%、1.91%、1.42% 和 1.54%，占比逐年降低。

请发行人补充披露：（1）电商收入的交易渠道、推广方式、主要交易内容、各期交易金额、结算方式、收入确认时点和依据、电商推广费用及其会计核算等情况；（2）报告期各期电商客户的人均消费、地区分布、发货分布情况，并按照客户消费金额分类披露客户数量及占比、购买次数、购买间隔时间、次均消费额，并对其合理性进行补充分析，说明是否存在大额、异常的消费情形；（3）报告期内电子商务销售业务占比逐年降低的原因，与零售业电商渠道占比销售逐年提高是否相悖，未来对电商渠道的规划。请保荐机构和会计师结合客户姓名对象、送货地址、购买数量、消费次数、客单量、消费金额及付款情况进行分析，对电商渠道销售收入真实性以及电子交易环境进行核查，说明核查方法、程序、内容、金额、比例等情况，说明核查结果或结论，明确发表核查意见。

小兵评析 ▶

近年来电子商务快速发展，特别是随着网络直播带货的火爆，线上交易占社会零售总额的比例也越来越高。但是，很多商品并不适合在网络上销售，如奢侈品、高档手表等，这些商品存在的共同特点就是价值高或者质量要求高，若通过网上销售则容易出现在邮寄配送的过程中被替换或遗失。

虽然母婴产品在价格上比不上奢侈品、手表等，但是当前我国家庭对养育下一代无比重视，消费者对母婴产品质量的要求一点儿也不低。这造成了母婴产品大部分通过实体店流通，通过线上销售的多为纸尿裤、童车等标准品。

母婴用品市场一般定位于服务 0～6 岁的婴幼儿群体。母婴用品的购买者角色主要为父母、爷爷奶奶、外公外婆，母婴用品的消费者是 0～6 岁的婴幼儿，购买者和消费者是相分离的。母婴用品市场受消费者年龄所限，不断有新的消费者出现，也不断有消费者退出，这就决定了这一行业的客户流动较为频繁，相较于其他行业，客户流动性明显，单个消费者消费金额不高。

同时，部分母婴产品生产企业通过线上加盟商这种新的方式销售产品，具体是指生产企业以批发的形式对线上加盟商进行销售，线上加盟商再按照公司统一的产品定价政策，通过第三方电商平台或自建的互联网销售平台对外零售，并以物流方式完成货物交付。该种方式虽有利于拓展销售渠道，但是由于线上加盟商的准入门槛比线下加盟商的门槛大大降低，且线上加盟商在资质审核、销售规范性等方面存在难度，因此该种新的销售模式需要各方给予更多关注。

五、促销推广活动

母婴零售企业大量的直营店面除日常经营之外，还可以配合品牌供应商开展品牌促销推广活动并取得相应的收入。品牌供应商依据各自市场地位确定每年的促销推广额度，一般来说，强势品牌促销活动较少，而二、三线品牌对于零售渠道的促销推广活动较为依赖，这与商超渠道的进场费、展示牌、牌面费异曲同工。

案例 9　爱婴室（代码：603214）反馈意见

招股说明书披露，发行人其他业务收入主要包括促销活动费收入、推广展示费收入、其他收入等，报告期各期其他业务收入总额分别为 8809.39 万元、11,266.13 万元、11,851.74 万元和 7472.60 万元。请在招股说明书中补充披露：(1) 促销活动费收入、推广展示费收入、其他收入的主要客户情况，发行人销售主要客户产品的数量及金额，促销活动费收入、推广展示费收入的定价方法和依据，收入分配的依据及合理性；(2) 结合促销活动、推广展示的合同条款，说明双方的权利义务、结算方法及收入确认具体方法，上述活动的组织方式及频率；(3) 促销活动费收入、推广展示费收入、其他收入的成本归集方法及合理性；(4) 结合发行人促销活动费收入、推广展示费收入的确认及成本核算，补充说明发行人其他业务收入毛利率较高的合理性。请保荐机构和会计师对上述事项进行核查，说明核查方法并明确发表核查意见。

报告期内，发行人营业收入稳定增长。促销活动、推广展示等其他业务收入增长较快。请发行人代表说明：(1) 略；(2) 其他业务收入增长的原因及可持续性，是否存在让供应商分担成本费用等情形。请保荐代表人说明核查过程、依据，并发表明确核查意见。

附：公开披露信息

为加强与供应商的密切合作，公司在传统的母婴商品购销模式基础上，围绕着客户和供应商需求，提供一系列增值服务以获取收入。公司开展的服务业务主要为围绕供应商产品销售、品牌宣传而提供的服务，包括商品促销活动管理服务、品牌推广展示服务等。公司根据相应的服务内容，参考市场价格，向供应商收取相应的费用。

1. 商品促销活动管理服务

供应商为了更好地宣传自身的产品，会在特定时间段，如节假日、店庆日、购物节等，通过爱婴室各零售网点和线上平台举办促销活动，以增加产品销售及提升品牌影响；爱婴室各零售网点为其商品促销活动提供场地、人员、道具，并邀约客户参与，公司以此向供应商收取相应的活动管理费。此外，公司市场部定期在门店内举办亲子活动、产品路演等促销活动，并于每年举办宝宝爬行大赛等大型商业活动，会向参与活动的供应商收取相应的促销活动管理费用。

促销活动通常由供应商结合节日、新产品推出计划、市场销售情况或竞争对手的促销活动决定，具有较强的时效性和灵活性，因此活动频率不固定，持续时间和范围也依据供应商需求确定。公司会事先与供应商确定活动期间、收费标准，按照约定活动内容在活动期间组织促销活动。公司与供应商签署促销服务费用确认函，确认收费金额和结算方式（银行转账或从应付账款中抵扣），并相应开具发票、确认促销活动收入。

2. 品牌推广展示服务

品牌推广展示服务是爱婴室为品牌商品供应商在零售网点提供促销台、端架、收银台货架等特殊醒目位置陈列商品，以及利用门店张贴海报、挂吊旗、贴包柱等方式发布指定商品促销信息而收取的有偿服务费用。此外，公司市场部需要帮助门店进行线上、线下推广，如每年与新业务拓展部合作在上海、宁波、南通、福州等地组织开展的“爱婴室”商品博览会等，在相关业务活动中会通过前期宣传推广向参展供应商收取一定的品牌推广费用。

推广展示服务通常适用于长期合作的大品牌供应商。公司会在年初与供应商签订年度品牌合作协议时，单独约定推广展示服务条款及相应的收费标准、结算方式等信息，通常持续一年。组织方式主要为通过门店陈列背柜、中岛、端架等长期有效地展示产品，突出品牌系列产品以达到推广展示的宣传目的。若年度中供应商新增推广展示活动，双方会签署确认书以确认服务的收费金额和结算方式（银行转账或从应付账款中抵扣），公司据此确认推广展示服务收入。

3. 公司其他业务收入的主要客户基本情况

整体上看，已经在国内市场建立较高声誉的国际及国内知名品牌供应商，如惠氏、雅培、达能、好奇、合生元等，相对于其在发行人直营门店实现的商品销售规模而言，该等供应商在促销管理、推广展示活动等方面投入相对较低；贝因美等致力于开拓国内母婴产品市场，尤其是在上海地区市场的品牌供应商，以及希望在母婴专业连锁渠道提升销售业绩贸易类公司，在促销活动、推广展示活动方面投入意愿较高，产生的其他业务收入相对于其在发行人直营门店实现的销售规模而言，亦相对较高。

小兵评析▶

在母婴零售企业直营店形成一定的规模并且在部分区域形成网络的时候，相关的供应商便会争取店面的橱窗展示位、货品摆放位以及在重要节日的推广活动，形成促销推广收入。母婴零售商为客户提供促销活动发生的成本主要为人员成本和公司提供的直营门店场地成本，为客户提供推广展示服务所发生的主要成本为门店的货架、人员工资等，相关成本大部分已计入店面日常经营成本中，因此该类支出一般无实际对应成本。

六、消费积分/收费会员和会员消费

案例 10 孩子王儿童用品股份有限公司（注册中）第一轮审核问询意见

申报材料显示消费者可以按照实际消费的金额获取一定比例的积分，积分在特定活动期间可以用于换取服务或商品。

请发行人补充披露：会员积分和权益制度的具体情况，报告期各期积分和权益变动情况、各期商品兑换情况，积分和权益公允价值如何确定、会计处理、合规性，以及对各期财务报表的影响。请保荐人、申报会计师发表明确意见。

小兵评析▶

和其他几乎所有的直接消费行业一样，母婴零售企业也通过会员、积分等手段吸引客户、增加消费。一般有普通会员积分制度、收费会员权益制度等形式。这就涉及积分和权益公允价值的确定、会计处理、合规性等问题，特别是新收入准则实施之后，需要按照新准则的要求进行会计处理。

案例 11　孩子王儿童用品股份有限公司（注册中）第二轮审核问询意见

审核问询回复显示，发行人公司各年度会员人均订单金额分布情况中列示了不同层级的平均订单金额。

请发行人补充披露：不同层级对应的销售金额及占比，发行人会员消费订单主要集中于哪个层级，报告期是否存在显著变动，若存在请说明原因及合理性。请保荐人、申报会计师核查并发表明确意见。

小兵评析 ▶

母婴零售企业将收费会员制作为一种营销手段后，其会员作为忠诚度较高的消费群体，通常情况下会贡献相对较高的客单消费额和总消费金额。企业按照一定的金额对消费层次进行划分，并比对收费会员在其中所处的层级，可以判定母婴零售企业会员制度的实际功效和成败得失。

第十章

模具行业 IPO 审核要点

Chapter 10

不管是叫作传统注塑件，还是叫作精密模具，模具行业都算是一个大的行业。这个行业是一个成熟的行业，竞争充分，行业格局基本确定，很难有新加入的企业能够逆势突围。

该行业企业报告期内的收入、成本、毛利率、期间费用率、净利润等指标会相对稳定，这也符合行业发展现状。当然，市场成熟且稳定也是相对的，3C 产品快速变革，会导致下游客户的格局有一定的变化，上游配套商自然业绩也会受到影响。

这种类型的企业如果收入在 5 亿元左右，且净利润保持在 5000 万元左右，看起来好像还不错，但是 IPO 审核的风险会比较大。这种类型的企业只能靠规模取胜。

在 IPO 审核中，模具行业被重点关注的问题包括客户集中、成本及存货核算、下游客户需求、技术水平、毛利率。

一、客户集中

模具行业的下游客户主要是 3C 企业以及外延的产业链企业（汽车整车行业也存在），一般具有大客户集中的情形，即一个注塑件企业对应几家大的客户长期配套服务，要想增加新的客户也比较难。

在发行人原材料市场价格透明、下游客户是大型企业的情况下，财务的真实性还是有保证的。但是，实践中发行人除有大客户之外，也会将产品销售给一些小的不知名客户或者贸易商，对这些客户的核查就成为重中之重，并且这些不起眼的客户才是发行人是否符合发行条件的关键。

案例1 上海亚虹（代码：603159）发审会问询问题

请发行人代表结合发行人与上海松下微波炉有限公司的交易合同期限、松下26L微波炉面（门）板装配业务于2013年结束合作的情况，进一步说明发行人存在的销售客户集中、单一客户依赖的风险。请保荐代表人说明相关核查情况。

附：公开披露信息

报告期内，公司对前五名客户的销售收入占比较高，2012年度、2013年度、2014年度和2015年1—6月，对前五名客户的合计销售收入分别占营业收入的87.51%、86.29%、83.56%和80.13%，其中对单一客户松下微波炉的销售收入分别占营业收入的56.19%、52.39%、51.64%和43.79%。报告期内，公司前五名销售的客户主要为松下微波炉、延锋伟世通、德科电子、上实交通、大陆汽车等家电和汽车配件领域的全球知名厂商，公司与上述客户已建立了长期的良好合作关系，业务具有较强的持续性与稳定性。优质大客户能为公司带来稳定的收入和盈利，但在经营规模和生产能力相对有限的情况下，也导致公司客户集中度较高，从而使公司的生产经营客观上对以松下微波炉为代表的主要客户存在一定依赖。若松下微波炉或者其他主要客户因自身经营业务变化或者与公司合作关系发生重大不利变化，对公司的订单量大幅下降，将可能导致公司经营业绩出现短期的大幅下跌或较大波动。公司存在销售客户集中、单一客户依赖的风险。

小兵评析 ►

对于模具行业的企业来说，很多企业在起步阶段主要跟一两家重要的客户合作，但是如果在后续的发展中，没有开拓出更加富有层次的客户结构，那么就会存在经营性的重大风险。有的发行人本身的产品技术含量和竞争力不是非常出色，产品的应用领域和范围跟下游客户的需求直接相关，这种发行人的经营性风险将更加突出。

案例2 利通电子（代码：603629）反馈意见

招股说明书披露，公司产品主要销往液晶电视整机厂商，报告期内公司前五大客户的销售收入占营业收入比重分别为79.26%、78.63%和80.42%。

请发行人：（1）按照不同产品类型补充披露报告期内外销模式和内销模式下分别实现的收入金额及占比情况；（2）补充披露报告期各期前十客户类型、基本情况和销售情况（包括销售产品类型、数量、单价、收入、毛利率）；与主要客户交易合同的主要条款、签订合同的期限等；（3）按照合作年限分类披露报告期内主要客户销售收入金额及占比，并对波动情况进行具体分析；（4）补充说明报告期前十大客户销售占比变化的原因以及前十大客户变化的原因，并结合行业状况、主要客户的市场地位以及相关合同条款，详细分析公司与主要客户交易的可持续性；对于报告期新增的主要客户，请说明客户背景，包括客户名称、成立时间、注册资本、主营业务、股权结构；（5）补充披露青岛海信电器作为报告期内第一大客户同时为主要供应商的具体交易情况、定价依据及公允性、结算模式、会计处理及原因；（6）补充披露目前新项目的承接和储备情况。请保荐机构和会计师对公司主要客户进行销售的真实性、准确性、完整性，客户与公司是否存在关联关系及其他利益约定等情况进行详细核查，说明核查方式（各核查方式涉及的具体金额及占比）、核查人员、核查时间、核查范围及核查结论，并发表明确核查意见。

小兵评析 ▶

发行人的下游应用客户主要是电视机整机生产企业，产品基本上就应用在一个行业，且前五大客户的销售占比超过了80%，审核中自然也会关注到对下游客户是否存在重大依赖，是否存在影响持续经营能力的因素。

二、成本及存货核算

模具企业的产品一般都是根据客户的要求研发的，并且根据客户的需求有着不同的用途。在这种情况下，模具对于发行人来说不一定就是简单的产品，还有可能是生产资料，在固定资产项下核算（生产性模具）。此外，从存货的角度来说，模具企业的存货金额比较高，一般情况下还会存在中转仓的异地存货的情形，或者采取 B/S 这种特殊的经营模式。

案例 3　成都航天模塑股份有限公司（未过会）发审会问询问题

报告期内，发行人生产性模具金额较大，分别列示为固定资产和在建工程。

请发行人代表说明：(1) 生产性模具数量的增减是否与发行人产能、产量相匹配，模具销售收入增长但毛利率持续下降的原因及合理性；(2) 生产性模具在客户下发量产通知书时转为固定资产，是否符合企业会计准则规定，生产性模具折旧摊销与减值计提是否稳健。请保荐代表人发表明确的核查意见。

附：公开披露信息

1. 模具在固定资产项下的核算

报告期各期末，公司固定资产余额构成情况如表 10 - 1 所示：

表 10－1　报告期内各期末公司固定资产余额构成情况

单位：万元

项目	2017 年 6 月 30 日		2016 年 12 月 31 日		2015 年 12 月 31 日		2014 年 12 月 31 日	
	金额	占比	金额	占比	金额	占比	金额	占比
房屋建筑物	33,666.67	30.07%	31,356.75	30.76%	23,517.42	27.05%	25,032.99	32.45%
机器设备	74,713.65	66.73%	66,986.53	65.71%	59,762.21	68.73%	48,945.95	63.44%
其中：模具	25,468.68	22.75%	24,048.65	23.59%	21,974.74	25.27%	19,967.42	25.88%
运输工具	621.30	0.55%	658.50	0.65%	713.10	0.82%	810.47	1.05%
电子设备	1865.67	1.67%	1997.59	1.96%	2137.19	2.46%	1342.90	1.74%
办公设备	651.72	0.58%	576.76	0.57%	629.32	0.72%	471.85	0.61%
其他设备	443.56	0.40%	372.03	0.36%	193.21	0.22%	549.55	0.71%
合计	111,962.57	100.00%	101,948.16	100.00%	86,952.46	100.00%	77,153.71	100.00%

2014年年末、2015年年末、2016年年末和2017年6月末，公司固定资产中模具金额分别为19,967.42万元、21,974.79万元、24,048.65万元和25,468.68万元。模具是机器设备的主要组成部分。

（1）模具的基本情况

公司的模具为公司代整车厂按照特定车型设计并定制、用于生产汽车零部件的模具。模具包括直接作为产品销售的商品模具和作为生产工具的生产模具两种。目前公司生产的模具大部分为生产模具。

发行人的商品模具与生产模具主要区分如下：商品模具是作为产品直接对外销售，不配套生产汽车塑料零部件产品；生产模具则是作为生产工具生产产品，发行人接受客户委托完成模具开发，并依据合同约定使用该模具配套生产汽车塑料零部件产品并销售给客户。

（2）公司模具的核算模式

目前公司生产的模具大部分为生产模具，公司接受客户委托完成模具开发，并依据合同约定使用该模具配套生产汽车塑料零部件产品并销售给客户。根据公司与不同客户签订的合同所约定的条款，公司对生产模具的会计核算方法有：

①销售模式

公司按照客户要求完成模具开发，制作成本由公司承担并计入存货，待模具完工交付客户并验收合格后确认收入并相应结转成本，公司依据合同约定使用该模具配套生产汽车塑料零部件产品并销售给客户。

②摊销模式

公司按照客户要求完成模具开发，制作成本由公司承担，开发成本计入在建工程，待模具达到预定可使用状态时转入固定资产核算，并随着相关产品的销售进行摊销，逐步计入产品成本。

公司商品模具作为产品直接对外销售，不配套生产汽车塑料零部件产品，其核算方法：公司按照客户要求完成模具生产，制作成本计入存货，公司将模具移交客户验收合格时确认收入并结转相应成本。

③公司将摊销模式下的生产模具列为固定资产符合企业会计准则的规定

根据《企业会计准则第 4 号——固定资产》的规定，固定资产是指同时具有下列特征的资产：为生产商品、提供劳务、出租或经营管理而持有的；使用寿命超过一个会计年度。固定资产同时满足下列条件的，才能予以确认：与该固定资产有关的经济利益很可能流入企业；该固定资产的成本能够可靠地计量。

虽然根据合同约定模具所有权属于主机厂，但是公司可使用模具，并且也由公司进行资产管理。该模具是生产商品的主要工具，能够通过生产产品并销售为公司带来经济利益；公司的模具成本界定清晰，能够可靠计量，故公司摊销模式下的生产模具列为固定资产符合会计准则的规定。

④公司模具业务的会计核算符合行业惯例

同行业主要生产汽车塑料零部件的可比上市公司及在会企业的模具业务会计核算如表 10 - 2 所示：

表 10 - 2 同行业主要生产汽车塑料零部件的可比上市公司及在会企业的模具业务会计核算

序号	可比公司	证券代码	核算科目	摊销方法
1	宁波华翔	002048	长期待摊费用	协议约定按照产品结算的按照产量或者销售量分摊；协议未约定按照产品结算的 10 万元以下的按照 1 年摊销；10 万元以上按照 2 年摊销
2	模塑科技	000700	固定资产	分 5 ~ 8 年进行摊销
3	双林股份	300100	长期待摊费用	分 1 ~ 5 年进行摊销
4	世纪华通	002602	其他流动资产	一般 1 年以内摊销完毕
5	华城汽车	600741	—	—
6	东风科技	600081	长期待摊费用	按照预计产量摊销
7	新泉股份	603179	存货	按照合同约定产量摊销
8	钧达股份	002865	长期待摊费用	10 万元以内计 1 年摊销；10 万元以上 2 年摊销
9	常熟汽饰	603035	固定资产	按照预计产量摊销
10	京威股份	002662	固定资产	5 年以上进行摊销
	发行人	—	固定资产	2 ~ 5 年进行摊销

由表10－2可见，同行业可比公司中将模具记入的科目主要有“长期待摊费用”和“固定资产”，且多数可比公司将模具列示在非流动资产科目，公司目前的核算方式符合行业惯例。同行业可比公司模具摊销方式主要有两种：第一种采用年限法摊销，基本在5年内分摊完成；第二种采用产量进行分摊。公司现在模具摊销采用的是第一种摊销方式，摊销年限为2～5年，从实际摊销时间来看，与行业平均水平一致。

2. 模具在在建工程项下的核算

报告期各期末，公司在建工程构成情况如表10－3所示：

2014年年末、2015年年末、2016年年末和2017年6月末，模具余额分别为11,897.63万元、13,938.39万元、12,476.43万元和14,113.53万元，在在建工程中占比最高。

公司已经拥有“产品研发—模具设计与制造—零部件制造—总成”这一纵深结合的汽车零部件供应链条，其中模具设计与制造是供应链条中不可或缺的一个环节。公司突出的模具制造和同步研发能力使公司在市场开拓、新产品推广中具有明显的整体优势。公司每年都在与客户同步开发新产品，进而新增模具，对于摊销模式下的未达到预定可使用状态的模具，列入“在建工程”核算，故而导致在建工程中模具金额较大。

表 10－3　报告期内各期末公司在建工程构成情况

单位：万元

项目	2017 年 6 月 30 日		2016 年 12 月 31 日		2015 年 12 月 31 日		2014 年 12 月 31 日	
	金额	占比	金额	占比	金额	占比	金额	占比
模具	14, 113. 53	64. 61%	12, 476. 43	82. 71%	13, 938. 39	71. 47%	11, 897. 63	78. 63%
厂房建设	5234. 37	23. 96%	2066. 42	13. 70%	1135. 94	5. 82%	1223. 69	8. 09%
生产线工程	1709. 50	7. 83%	41. 88	0. 28%	3234. 80	16. 59%	398. 45	2. 63%
待安装设备	756. 53	3. 46%	471. 35	3. 12%	1147. 58	5. 88%	1537. 44	10. 16%
其他工程	31. 69	0. 15%	27. 61	0. 18%	45. 16	0. 23%	73. 43	0. 49%
合计	21, 845. 62	100. 00%	15, 083. 68	100. 00%	19, 501. 87	100. 00%	15, 130. 64	100. 00%

小兵评析 ▶

这个问题涉及生产性模具和固定资产的会计处理，在实践中还是比较少见的。其关注点在于转为固定资产的时间节点，这还涉及折旧的问题，因而会影响到损益。对于发行人来说，模具的金额是非常大的，报告期末达到了 2.5 亿元，如果再考虑通过在建工程核算的模具还有 1 亿多元，合计将达到 4 亿元左右。如果金额不是很大，可能这个问题也不会那么受到关注了。

案例 4　横河模具（代码：300539）反馈意见

请发行人逐一说明发行人为主要客户生产模具并以该模具为客户加工注塑产品的具体情况，该业务模式下发行人是否将所生产的模具销售给主要客户并确认模具的销售收入，如是，补充说明在该模具未转移给主要客户、由发行人使用该模具生产注塑产品、发行人实质上是为主要客户提供塑料零件制品而非模具的情形下，发行人将该模具销售给主要客户并确认收入的合理性、真实性，该等业务模式与国内行业总体经营模式以及发行人主要竞争对手的经营模式是否一致，该等业务模式是否虚增发行人模具收入、是否真实准确地反映发行人的业务实质。

小兵评析 ▶

在这个案例中，发行人存在给客户生产模具的同时为客户提供注塑产品的情形。在这种情况下，模具既是发行人销售给客户的产品，同时也是发行人自己的生产工具。因此，发行人的模具要根据不同的会计准则去核算。当然，在核算之前，要对这些模具的具体类型和分类进行识别和区分，并且要保证识别的准确性。

案例5 利通电子（代码：603629）反馈意见

招股说明书披露，报告期各期末，公司存货账面余额分别为12,846.54万元、16,521.68万元和26,291.65万元，主要包括原材料、发出商品和库存商品等。

请发行人补充披露：（1）公司原材料、周转材料备货的标准及执行情况、主要产品的生产周期、存在大额发出商品和库存商品的具体原因，并结合上述销售周期分析披露目前原材料、周转材料、发出商品和库存商品库存水平是否合理；（2）存货的盘点制度、各报告期末的盘点计划、盘点范围、地点、时间、人员和结果；请保荐机构和会计师详细说明存货监盘的具体情况，包括监盘时间、地点、人员和结果；（3）各期末原材料、在产品、库存商品、发出商品、委托加工物资、周转材料的库龄情况，结合产品的生产周期、销售周期，进一步分析说明发行人是否存在长期挂账未实现销售的产品，如存在，请详细说明原因，相关存货的跌价准备计提是否充分；（4）各期末发行人在产品、发出商品、库存商品的订单覆盖情况，订单对应的主要客户、订单金额、实际（预计）的发货时间；（5）发行人对于生产用模具账务处理方式，各期发生、结转的金额，各期新增、报废的模具数量，相应实物、账务的处理方式；（6）各期的退换货情况，退换货原因，对相关资产的实物、账务处置方式，存货跌价准备计提是否充分；（7）报告期内是否存在被终止、暂停的订单，如存在，请说明详细情况，相关资产的实物、账务处置方式，存货跌价准备计提是否充分；（8）各期生产销售过程中损耗、报废的存货金额，相应的实物、账务处理；（9）生产过程产生的边角料、废料的实物、账务处理。请保荐机构和会计师对上述事项进行核查，说明核查过程、方法和结论，并发表核查意见。

小兵评析 ▶

模具行业一般存在存货金额比较大的情形，而本案例发行人的存货不仅金额很大且在报告期内金额大幅增加，审核机构自然关注到存货的核算问题。

此外，模具企业一般存货跌价准备较小。如果发行人生产的模具产品跟客户的需求存在重大差异，将出现存货大幅贬值的情形，当然这种情况下也会反馈到发行人的内部控制问题，因而 IPO 审核实践中一般并不这么论证。

三、下游客户需求

模具行业的下游客户总体来说都比较强势，无论是存货管理、交货要求还是回款账期等核心条款，一般都需要满足下游客户的要求。当然，因为这个行业已经很透明，下游客户的要求大多数也就是行业惯例。这个行业一般会有相对固定的信用周期，因而应收款会与营业收入有比较严密的逻辑关系，但是也不排除发行人为了冲击业绩增加收入，刻意调整信用期的情形。

案例 6　利通电子（代码：603629）发审会问询问题

报告期发行人收入逐年增长，应收账款、存货余额持续大幅增加。

请发行人代表说明：（1）2017 年第 4 季度营业收入增幅超过上年同期增幅的原因及合理性；（2）2017 年主要客户减少高端机型底座订单量的具体原因，是否会持续；底座、电子元器件收入及毛利率波动的原因及合理性、可持续性；（3）精密金属冲压结构件新开发模具项目的数量及预计订单的情况是否出现大幅减少，精密金属冲压结构件收入增长的可持续性；（4）2017 年年末应收账款余额大幅增长且增幅显著高于营业收入增幅的原因及合理性，报告期对部分客户放宽信用期的原因及合理性；（5）存货余额持续增加的原因及合理性，存货跌价准备计提是否充分，寄售客仓的内部管理制度是否健全有效。请保荐代表人说明核查依据、过程并发表明确核查意见。

小兵评析 ▶

发行人的模具研发和生产必须满足客户的需求。除此之外，客户对上游的控制还体现在对产品销售价格的把握（话语权），以及对账期和回款的控制（控制力）。在这种情况下，发行人一般只能获得一个行业平均的毛利率。这个毛利率不会太高，因为下游客户不允许；它也不会太低，因为要允许这个行业自我生存。同时，发行人的存货金额会比较大，因为要随时满足下游客户的需求；应收账款的金额也会保持高位且随着收入金额会持续增加，从而直接影响到发行人的回款能力和资金使用效率。

四、技术水平

为什么我们要讨论模具行业的技术水平问题？主要是因为大部分模具行业的下游客户是电子消费品行业，这个行业更新迭代非常快，只有符合甚至引领行业发展趋势和潮流的企业才能够稳定发展。模具是客户发展的重要基础资料，模具企业只有时刻把握下游客户的发展趋势和需求，才能够研发出符合客户需求的产品，从而具备一定的竞争力。从这个角度来说，我们关注模具行业的技术水平，就是关注发行人对下游客户需求的匹配程度。

案例 7　上海亚虹（代码：603159）发审会问询问题

请发行人代表结合塑料模具行业的竞争格局和技术更新状况，进一步说明发行人的行业地位、模具研发能力、生产管理水平，以及相关模具的性能在行业内处于领先地位的依据，发行人所面临的行业竞争风险。请保荐代表人说明相关核查情况。

附：公开披露信息

公司自成立以来就坚持明确的技术发展思路，拥有国内领先的精密塑料模具研发中心，并与国内理工类高校共建了产学研应用平台，开展内容广泛、形式多样的技术交流和合作，实现了以技术为纽带、项目为载体、信息共享的开发机制，促进了公司产品结构调整和技术升级。

近年来，公司对模具热流道应用技术、高速多腔模具应用技术、并行工程和逆向工程等一系列行业特有技术进行了技术攻关和工艺实施。公司通过多年制造经验和技术的沉淀，具备了较高的技术、工艺领先优势。公司相关模具及注塑件产品已经获得国内外知名客户的长期认可。经过多年的持续创新，截至本招股说明书签署之日，公司拥有的已获授权专利 37 项，其中发明专利 4 项，储备了较为丰富的技术基础。

公司目前承接了上海市科学技术委员会的上海精密塑料模具工程技术研究中心课题项目，并计划利用本次募集资金建设综合技术研发中心。随着相关技术中心的建成和投入使用，公司将开展一系列行业基础、共性和前沿性技术的开发，并加大模具行业产学研用合作规模和深度，为公司的持续经营打下坚实基础。

小兵评析 ▶

这个案例就是要求发行人从不同的角度论证自身技术水平以及在行业的领先地位，从而说明发行人未来的发展水平和竞争力。

五、毛利率

跟其他很多行业一样，模具行业的不同企业毛利率差异会非常大，甚至同一个企业不同的产品之间也会存在很大的差异。毛利率的差异的影响因素包括客户的层次和质量、产品的研发要求和材质、产品的应用领域和技术水平等。

案例8　合力科技（代码：603917）反馈意见

招股说明书披露，公司报告期内主营业务毛利率分别为37.07%、39.14%、38.80%和37.31%。公司主营业务中，公司主营业务毛利贡献主要来自模具销售。(1) 请从成本构成、售价和销量的角度进一步分析产品毛利率波动的原因；(2) 请在招股说明书中补充披露模具和铝合金部品的相关行业数据，包括产销量、竞争者数量、发行人的市场份额、行业平均售价、行业可比竞争者的产品售价、毛利率、净利率、市场占有率等，并与发行人的相关数据进行比较并分析差异，进一步解释模具和铝合金部品毛利率高于同行业可比上市公司毛利率的原因；(3) 请进一步解释热冲压模与铸造模具的毛利率差异较大的原因。请保荐机构、会计师对上述情况进行核查，说明核查的过程、证据及结论，并发表明确意见。

附：公开披露信息

报告期内，发行人毛利率情况如表10－4所示：

表10－4　报告期内发行人毛利率情况

项目	2017年1—6月	2016年	2015年	2014年
模具	42.64%	40.87%	40.08%	40.52%
其中：铸造模具	41.11%	39.38%	37.67%	39.41%
热冲压模具	49.67%	51.09%	55.47%	56.09%
工装夹具	34.00%	20.85%	24.57%	50.40%
铝合金部品	20.03%	24.02%	33.70%	35.35%
主营业务	34.30%	35.95%	38.80%	39.14%

小兵评析 ▶

从这个案例来看，发行人的模具毛利率超过 40%，铝合金部品的毛利率则只有 20% 左右。在模具的产品结构中，不同的模具产品之间毛利率差异可达一倍以上。当然，发行人不同的产品之间，同一个产品在不同的时间区间或者客户之间，毛利率存在一定的差异都是合理的，只是需要根据企业的发展事实和业务合作的具体情形来判断。

图书在版编目(CIP)数据

十大行业IPO：审核要点与解决思路. 2 / 投行小兵，孙昀著. -- 北京：法律出版社，2021
ISBN 978-7-5197-5756-4

Ⅰ. ①十… Ⅱ. ①投… ②孙… Ⅲ. ①上市公司－财务审计－研究－中国 Ⅳ. ①F239.65

中国版本图书馆CIP数据核字(2021)第141306号

十大行业IPO：审核要点与解决思路2
SHIDA HANGYE IPO:
SHENHE YAODIAN YU JIEJUE SILU 2

投行小兵 孙 昀 著

责任编辑 慕雪丹 章 雯
装帧设计 马 帅

出版发行 法律出版社
编辑统筹 法商出版分社
责任校对 赵明霞
责任印制 胡晓雅
经 销 新华书店

开本 710毫米×1000毫米 1/16
印张 15.75 字数 236千
版本 2021年8月第1版
印次 2021年8月第1次印刷
印刷 固安华明印业有限公司

地址：北京市丰台区莲花池西里7号(100073)
网址：www.lawpress.com.cn
投稿邮箱：info@lawpress.com.cn
举报盗版邮箱：jbwq@lawpress.com.cn
销售电话：010-83938349
客服电话：010-83938350
咨询电话：010-63939796

书号：ISBN 978-7-5197-5756-4
定价：69.00元
凡购买本社图书，如有印装错误，我社负责退换。电话：010-83938349